일제강점기 조선총독부 편찬

초등학교 <唱歌> 교과서
대조번역 (下)

『ウタノホン』
『初等音樂』

김순전
사희영 · 박경수 · 문현일
장미경 · 박제홍 · 김서은

제이앤씨
Publishing Company

≪ 總 目 次 ≫

· 序　文 …………………………………………………………… 13
· 凡　例 …………………………………………………………… 31

『ウタノホン』－ネン
『노래책』 1학년

	君が代 ……………………………………	38
	기미가요 …………………………………	39
一	ガクカウ …………………………………	40
	학교 ………………………………………	41
二	ヒノマル …………………………………	42
	일장기 ……………………………………	43
三	カクレンボ ………………………………	44
	숨바꼭질 …………………………………	45
四	ハトポッポ ………………………………	46
	비둘기 구-구 ……………………………	47
五	キシャゴッコ ……………………………	48
	기차놀이 …………………………………	49
六	カヘル ……………………………………	50
	개구리 ……………………………………	51
七	ウミ ………………………………………	52
	바다 ………………………………………	53
八	タネマキ …………………………………	54
	씨뿌리기 …………………………………	55
九	ユフヤケコヤケ …………………………	56
	황혼녘 저녁노을 …………………………	57
十	モモタラウ ………………………………	58
	모모타로 …………………………………	59
十一	ヘイタイゴッコ …………………………	60
	병정놀이 …………………………………	61

4 초등학교 〈唱歌〉 교과서 대조번역 (下)

十二	オツキサマ	62
	달님	63
十三	ヒヨコ	64
	병아리	65
十四	オウマ	66
	말	67
十五	子牛	68
	송아지	69
十六	オカアサン	70
	어머니	71
十七	オ正月	72
	설날	73
十八	ユキ	74
	눈	75
十九	スズメ	76
	참새	77
二十	ヒカウキ	78
	비행기	79

『ウタノホン』 ニネン
『노래책』 2학년

	君が代	86
	기미가요	87
	紀元節	88
	기원절	89
一	春ガ來タ	92
	봄이 왔네	93
二	ワタシハ二年生	94
	나는 2학년	95
三	五月ノセック	96
	5월 단오	97
四	木ウエ	98
	나무심기	99

五	軍カン	100
	군함	101
六	テッカブト	102
	철모	103
七	タナバタサマ	104
	칠석	105
八	花火	106
	불꽃놀이	107
九	オニゴッコ	108
	술래잡기	109
十	朝ノ歌	110
	아침의 노래	111
十一	エンソク	112
	소풍	113
十二	ウサギ	114
	토끼	115
十三	富士ノ山	116
	후지산	117
十四	菊ノ花	118
	국화꽃	119
十五	おもちゃの戰車	120
	장난감 전차	121
十六	羽根つき	122
	하네쓰키	123
十七	兵たいさん	124
	군인 아저씨	125
十八	たこあげ	126
	연날리기	127
十九	ひな祭	128
	히나마쓰리	129
二十	羽衣	132
	날개 옷	133

『初等音樂』 第三學年
『초등음악』 제3학년

	君が代	140
	기미가요	141
	勅語奉答	142
	칙어봉답	143
	天長節	144
	천장절	145
	明治節	146
	메이지절	147
	一月一日	150
	1월 1일(설날)	151
	紀元節	154
	기원절	155
一	春の小川	158
	봄 시냇물	159
二	ポプラ	160
	포플러나무	161
三	天の岩屋	162
	하늘 바위굴	163
四	山の歌	164
	산의 노래	165
五	田植	166
	모내기	167
六	なはとび	168
	줄넘기	169
七	こども愛國班	170
	어린이 애국반	171
八	軍犬利根	174
	군견 도네	175
九	秋	176
	가을	177
十	稻刈	178
	벼베기	179

十一　　　村祭 ································· 180
　　　　　마을 축제 ···························· 181
十二　　　野菊 ································· 184
　　　　　들국화 ······························ 185
十三　　　田道間守 ···························· 186
　　　　　다지마모리 ·························· 187
十四　　　潛水艦 ······························ 188
　　　　　잠수함 ······························ 189
十五　　　餅つき ······························ 190
　　　　　떡방아 ······························ 191
十六　　　軍旗 ································· 192
　　　　　군기 ································· 193
十七　　　手まり歌 ···························· 194
　　　　　공치기 노래 ·························· 195
十八　　　氷すべり ···························· 196
　　　　　스케이트 ···························· 197
十九　　　ゐもん袋 ···························· 198
　　　　　위문대 ······························ 199
二十　　　梅の花 ······························ 200
　　　　　매화꽃 ······························ 201
二十一　　さくらさくら ························ 202
　　　　　벚꽃 벚꽃 ···························· 203
二十二　　三勇士 ······························ 204
　　　　　삼용사 ······························ 205

「初等音樂」 第四學年
『초등음악』 제4학년

　　　　　君が代 ······························ 212
　　　　　기미가요 ···························· 213
　　　　　勅語奉答 ···························· 214
　　　　　칙어봉답 ···························· 215
　　　　　天長節 ······························ 216
　　　　　천장절 ······························ 217

明治節 ……………………………………………………… 218
메이지절 ………………………………………………… 219
一月一日 …………………………………………………… 222
1월 1일(설날) …………………………………………… 223
紀元節 ……………………………………………………… 226
기원절 …………………………………………………… 227
一　春の海 ………………………………………………… 230
봄바다 …………………………………………………… 231
二　作業の歌 ……………………………………………… 232
작업의 노래 ……………………………………………… 233
三　若葉 …………………………………………………… 234
새싹 ……………………………………………………… 235
四　機械 …………………………………………………… 236
기계 ……………………………………………………… 237
五　千早城 ………………………………………………… 240
지하야성 ………………………………………………… 241
六　野口英世 ……………………………………………… 244
노구치 히데요 …………………………………………… 345
七　水泳の歌 ……………………………………………… 248
수영의 노래 ……………………………………………… 249
八　山田長政 ……………………………………………… 250
야마다 나가마사 ………………………………………… 251
九　秋の空 ………………………………………………… 252
가을하늘 ………………………………………………… 253
十　船は帆船よ …………………………………………… 254
배는 범선이라네 ………………………………………… 255
十一　靖國神社 …………………………………………… 256
야스쿠니 신사 …………………………………………… 257
十二　村の鍛冶屋 ………………………………………… 258
마을의 대장장이 ………………………………………… 259
十三　ひよどり越 ………………………………………… 260
히요도리고에 …………………………………………… 261
十四　入營 ………………………………………………… 262
입영 ……………………………………………………… 263
十五　グライダー ………………………………………… 264

	글라이더	265
十六	きたへる足	266
	다리를 단련하자	267
十七	かぞへ歌	268
	숫자 노래	269
十八	廣瀨中佐	272
	히로세 중령	273
十九	少年戰車兵	276
	소년전차병	277
二十	九勇士	278
	아홉 용사	279
二十一	子守歌	282
	자장가	283
二十二	北のまもり	284
	북방 수비	285

「初等音樂」 第五學年
『초등음악』 제5학년

	君が代	292
	기미가요	293
	勅語奉答	294
	칙어봉답	295
	天長節	296
	천장절	297
	明治節	298
	메이지절	299
	一月一日	300
	1월 1일(설날)	301
	紀元節	302
	기원절	303
	昭憲皇太后御歌　金剛石・水は器	306
	쇼켄황태후의 노래-금강석, 물은 그릇 나름	307
一	朝禮の歌	310

　　　조회의 노래 ···································· 311

二　　大八洲 ······································ 312

　　　대일본 ·· 313

三　　鯉のぼり ···································· 314

　　　고이노보리 ·································· 315

四　　忠靈塔 ······································ 316

　　　충령탑 ······································ 317

五　　赤道越えて ·································· 318

　　　적도를 넘어서 ······························ 319

六　　麥刈 ·· 320

　　　보리베기 ···································· 321

七　　海 ·· 322

　　　바다 ·· 323

八　　戰友 ·· 324

　　　전우 ·· 325

九　　揚子江 ······································ 326

　　　양자강 ······································ 327

十　　大東亞 ······································ 328

　　　대동아 ······································ 329

十一　牧場の朝 ···································· 330

　　　목장의 아침 ································ 331

十二　聖德太子 ···································· 332

　　　쇼토쿠 태자 ································ 333

十三　橘中佐 ······································ 334

　　　다치바나 중령 ······························ 335

十四　紅葉 ·· 336

　　　단풍 ·· 337

十五　捕鯨船 ······································ 338

　　　고래잡이 배 ································ 339

十六　空の勇士 ···································· 340

　　　하늘의 용사 ································ 341

十七　母の歌 ······································ 344

　　　어머니의 노래 ······························ 345

十八　冬景色 ······································ 346

　　　겨울풍경 ···································· 347

十九	小楠公	348
	쇼난코	349
二十	白衣の勤め	352
	백의(白衣)의 본분	353
二十一	桃山	354
	모모야마	355
二十二	山本元帥	356
	야마모토 원수	357

「初等音樂」 第六學年
『초등음악』 제6학년

	君が代	366
	기미가요	367
	勅語奉答	368
	칙어봉답	369
	天長節	370
	천장절	371
	明治節	372
	메이지절	373
	一月一日	374
	1월 1일(설날)	375
	紀元節	376
	기원절	377
	明治天皇御製	380
	메이지 천황 지음	381
一	敷島の	382
	일본	383
二	おぼろ月夜	384
	으스름한 달밤	385
三	姉	386
	누이	387
四	日本海海戰	388
	일본해해전	389

五　　晴れ間 ……………………………………………… 392
　　비 갠 사이 …………………………………………… 393
六　　四季の雨 …………………………………………… 394
　　사계절의 비 …………………………………………… 395
七　　われは海の子 ……………………………………… 396
　　나는 바다의 아들 …………………………………… 397
八　　満洲のひろ野 ……………………………………… 400
　　만주 광야 ……………………………………………… 401
九　　肇國の歌 …………………………………………… 402
　　건국의 노래 …………………………………………… 403
十　　體鍊の歌 …………………………………………… 406
　　체력단련의 노래 ……………………………………… 407
十一　　落下傘部隊 ……………………………………… 408
　　낙하산부대 …………………………………………… 409
十二　　御民われ ………………………………………… 410
　　신민된 우리 ………………………………………… 411
十三　　金剛山 …………………………………………… 412
　　금강산 ………………………………………………… 413
十四　　渡り鳥 …………………………………………… 414
　　철새 …………………………………………………… 415
十五　　船出 ……………………………………………… 416
　　출항 …………………………………………………… 417
十六　　今日よりは ……………………………………… 418
　　오늘부터는 …………………………………………… 419
十七　　少年産業戰士 …………………………………… 420
　　소년산업전사 ………………………………………… 421
十八　　水師營の會見 …………………………………… 422
　　수사영의 회견 ……………………………………… 423
十九　　早春 ……………………………………………… 428
　　이른 봄 ……………………………………………… 429
二十　　日本刀 …………………………………………… 430
　　일본도 ………………………………………………… 431
二十一　　太平洋 ………………………………………… 432
　　태평양 ………………………………………………… 433
二十二　　アジヤの光 …………………………………… 434
　　아시아의 빛 ………………………………………… 435

序 文

1. 조선총독부 편찬
『초등학교 〈唱歌〉 교과서 대조번역』 발간의 의의

　본서는 일제강점기 조선총독부에 의해 편찬된 관공립 초등학교용 〈唱歌〉 교과서 『新編唱歌集』(1914, 전학년용, 1권), 『普通學校唱歌書』(1920, 4권), 『普通學校補充唱歌集』(1926, 전학년용, 1권), 『みくにのうた』(1939, 전학년용, 1권), 『初等唱歌』(1939~41, 6권), 『ウタノホン』(1942, 2권), 『初等音樂』(1943~44, 4권) 등 총19권의 〈唱歌〉 교과서에 대한 〈대조번역서〉이다.

　교과서는 국민교육의 정수(精髓)로, 한 나라의 역사진행과 불가분의 관계성을 지니고 있어, 어느 시대든 교과서 입안자의 의도는 물론이려니와 그 교과서로 교육받은 세대(世代)가 어떠한 비전을 가지고 새 역사를 만들어가려 하였는지 알아낼 수 있다. 이에 소멸되거나 산재되어 있는 일제강점기 공교육의 기반이 되었던 교과서를 하나씩 찾아내어 새로이 원문을 구축함과 더불어 이를 번역 출판하는 작업은 '教育은 百年之大計'로 여기고 공교육을 계획하는 국가 교육적 측면에서도 매우 중요한 일일 것이다.

　주지하다시피 한국의 근대는 일제강점기를 전후한 시기와 중첩되어 있어 정치, 경제, 사회, 문화, 교육 등등 모든 방면에 이르기까지 일제의 영향을 배제하고는 생각하기 어렵다. 이는 특히 교육부문에서 두드러지게 나타난다. 근대교육을 여는 시점에서부터 일본의 간섭이 시작됨에 따라 한국 근대교육은 채 뿌리를 내리기도 전에 교육정책과 교육과정의 수립은 물론, 공교육을 위한 교과서까지도 일제에 의해서 이루어졌다.

때문에 본 집필진은 이미 수년 전부터 일제강점기 조선총독부 편찬 초등교과서의 발굴 및 복원 정리와 연구에 진력하였다. 그 결과 당시 주요 교과였던 〈修身〉 교과서 전권(全卷)의 원문서와 번역서를 출간한 바 있으며, 〈國語(일본어)〉 교과서 전권에 대한 원문서와 번역서의 출간을 지속적으로 진행하여, 현재 원문서의 경우 거의 마무리단계에 와 있다. 또한 이들 교과서에 대한 집중연구의 결과는 이미 연구서로 출간되어 있는 상태이다.

본서 조선총독부 편찬 『초등학교 〈唱歌〉 교과서 대조번역』의 발간은 이러한 작업의 일환이면서도 나름의 상당한 의미를 내포하고 있다. 이는 아동기 〈唱歌〉 교육의 효과가 전파성이나 지속성 면에서 여타 교과목에 비해 월등한 효과를 드러낼 뿐만 아니라, 아동기에 배우고 따라 불렀던 노래가 아동기 바로 그 자체였던 만큼, 그 백지의 영혼에 입력된 기억은 생을 다할 때까지 어떤 형태로든 인간의 思考에 크게 작용하기 때문이다. 인간의 라이프사이클 중 노년기에 들어 기억력이 급격히 감퇴되거나, 혹은 치매 등으로 대부분의 기억을 잃었다 해도 아동기에 배우고 따라 불렀던 노래만큼은 생생하게 기억하고, 또 그것이 일평생의 정서세계나 행동양식을 좌우하게 된다는 사실에서도 쉽게 알 수 있는 부분일 것이다.

식민지 공교육제도 안에서도 가장 기초적인 교육기관인 초등학교에서의 〈唱歌〉 교육은 식민지교육의 최고 목표인 '同化' 혹은 '皇民化' 측면에서 여타의 교과목에 비해 월등한 강점이 있다. 〈唱歌〉 교과서에 수록된 곡의 면면을 살펴보면, 가장 일본적인 색채가 농후한 선율에 율격 또한 '와카(和歌)'나 '하이쿠(俳句)'의 기본율격[1]에서 파생된 7·5조의 일본식 율격을 취하고 있는데, 이러한 7·5조 율격이 일제강점기를 전후하여 문명의 기치를 내건 동화정책의 일환으로 일반인들의 정서에까지 침투되었다. 가사내용을 보아도 〈修身〉 교과서와 〈國語〉 교과서에 수록되어 있는 운문에 곡조를 붙인 〈修身唱歌〉 나 〈讀本唱歌〉 가 상당수 있으며, 또 산문의 경우도 7·5조 율격의 詩語로 축약하여 곡조를 붙여 수록한 것도 이에 못지않다.

이들 내용 대부분이 식민지 동화교육의 핵심이라 할 수 있는 국가 이데올로기 혹은 천황·천황가와 연관된 내용이라는 점에서 〈唱歌〉 교육은 일본정서의 이식에 매우 유효하였다. 일제가 초등학교 〈唱歌〉 교과서에 식민지 교육정책의 핵심을 담아 황국신민육성을 꾀하였던 것도, 식민지 말기로 갈수록 〈唱歌〉 과의 비중이 점차 커져갔다는 것도 바로 이러한 까닭에 연유한다 할 것이다.

이처럼 식민지 초등음악교육은 실로 일제가 식민지 지배질서 확립을 위하여 추진하였던 문화정책 중에서도 매우 큰 비중을 차지하고 있었다. 무엇보다도 접근성의 유리함과 반복 가창 구전됨으로써 신속하고 지속적인 효과를 얻을 수 있다는 점에서 일제는 이의 효과적인 운용을 위하여 각종 법령으로 뒷받침하고 이를 시스템화 하였다. 일제에 의해 시작된 이

---

1) 7·5조 전통은 일본 고유의 詩歌 형식인 5·7·7조(片歌), 5·7·5·7·7조(短歌), 5·7·5·7·5·7 ~ 5·7·7조(長歌)의 '和歌' 음수율에서 파생된 5·7·5의 17음만으로 이루어지는 '俳句' 음수율에 근거한다. 明治이후 서양음악 도입에 따라 화양절충(和洋折衷)되어 일본식 율격으로 정착된 7·5조의 율격은 이러한 '하이쿠'의 음수율에서 기인한다. 그것이 때로는 4·3·5조나 3·4·5조로 분화되거나 음수를 가감하는 율격으로 나타나기도 하지만, 전체적인 리듬 안에서 7·5조의 율격으로 그 자리를 굳혀 갔다.

모든 음악적 시스템이 근대 한국의 초등음악으로 정착되어 오늘날까지 이어지고 있다는 사실은 실로 안타까운 현실이 아닐 수 없다.

본서의 출판은 이러한 과거의 뼈아픈 역사의 재음미라기보다는 아직까지도 제대로 정리되거나 연구되지 않은 기초학문분야에 대한 정리와, 일본 국수주의자들의 식민지발전론과 같은 논리를 불식시키는 이론적 토대를 확립하는데 있다.

한국이 일본에 강제 병합된 지 어언 100년이 지나버린 이 시점에서, 과거 민족의 뼈아팠던 기억은 그 시대를 살아온 선인들이 점차 유명을 달리하게 됨에 따라 갈수록 희미해져 가고 있다. 국가의 밝은 미래를 그려보기 위해서는 지난날의 힘들고 어려웠던 고빗길을 하나하나 되짚어 보는 작업이 선행되어야 함에도, 현실은 급변하는 세계정세를 따르는데 급급하여 이러한 작업은 부차적인 문제로 취급되고 있는 실정이다. 물론 여기에는 관련 자료발굴이나, 일본어 해독의 난해함에서 오는 접근성의 어려움 등도 하나의 원인으로 작용하였으리라고 본다. 그렇지만 과거를 부정하는 미래를 생각할 수 없기에 이러한 작업이 무엇보다도 우선시되어야 할 필요성을 더욱 절감하는 것이다.

최근 일본에서는 국가주의를 애국심으로 환원하여 찬양하려는 움직임이 다시 태동하고 있는데, 이같은 일본의 자세에 대해 감정적이 아닌 실증적인 자료 제시의 필요성을 느낀다. 본서 **조선총독부 편찬『초등학교 〈唱歌〉 교과서 대조번역』**은 이에 대한 실증적 자료가 될 것이다. 또 이를 통하여 초등학교 음악교육의 목적과 진행방식을 널리 알릴 수 있음은 물론이려니와, 이의 연구자들에게는 실증적 연구의 토대로 제공될 수 있을 것이다.

2. 일제강점기 초등음악교육의 전개와 〈唱歌〉 교과서

2.1 식민지 초등음악교육의 전개

　한국에서 초등학교 음악교육의 역사는 통감부에 의한 '학교령시행기'[2] 인 1906년 8월 이후 시작되었다고 보는 것은 1906년 8월 공포된 〈普通學校令〉에 의하여 한국 초등학교에 〈唱歌〉 교과가 설정되었기 때문이다. 이 법령에 "時宜에 따라 唱歌科目를 채택할 수 있도록"하는 조항을 둠으로써 비로소 초등교과목에 '창가' 과목이 배정되어 공식적인 음악교육이 시작되었다. 그러나 당시의 음악교육 환경은 국권회복이라는 시대적 과제가 놓여있는 데다가, 전통적으로 노래를 홀대하던 사회 분위기였던 탓에 열악하였다. 교육법령에 의하여 〈唱歌〉 과목이 배정되기는 하였지만, 음악교과직제도 없었으며, 이를 운영할 만한 여건도 되지 못했다. 음악교사는 물론이고 음악교사 양성기관조차 없었으며 음악교과 도서와 음악교육 기자재 또한 전혀 갖추어지지 않아, 그야말로 '時宜에 따라' 운영할 수밖에 없는 처지였다. 때문에 당시 학교음악은 교과목표에서부터 명칭, 과정, 음악교과용도서, 음악교사양성방침 등 음악교육에 관련된 제반 사항은 통감부가 정한 방향에 따를 수밖에 없었다.

　일본의 초등학교 예능과 음악의 기초가 된 것은 1891년 11월, 〈文部省令〉에 의해 개설된 소학교의 〈唱歌〉과이다. 당시 〈小學校教則大綱〉 제10조를 보면 "唱歌는 귀 및 발성기를 연습시켜, 용이하게 歌曲을 부를 수 있게 함과 아울러 音樂의 美를 분별하여 알게 하고 덕성을 함양하는 것을

---

2) 대한제국은 1906년 4월부터 각종 '勅令'과 '學部令'을 공포하였다. 그 중 음악교과와 관련된 법령은 〈고등여학교령시행규칙〉(1906.4 학부령 제9호), 〈보통학교령〉(1906.8 칙령 제44호), 〈보통학교령시행규칙〉(1906.8 학부령 제23호), 〈고등학교령시행규칙〉(1906.8 학부령 제21호), 〈사범학교령〉(1906.8 학부령 제20호)이다.

요지로 한다."는 것으로 〈唱歌〉과의 목적을 명시하고 있다. 이어서 1900
년 8월, 개정된 〈小學校令〉의 〈小學校令施行規則〉 제9조를 보면 "창가는
평이한 가곡을 부를 수 있게 함과 아울러 음악의 미를 기르고 덕성의 함양
에 도움되는 것을 요지로 한다."고 기록되어 있는데, 이 조문은 그대로
조선에서 〈普通學校令施行規則〉이 되었다.

한국 초등학교에서 공식적으로 음악교과서가 사용된 것은 1906년 학교
교육제도가 일본식으로 개편된 이후이다. 그러나 〈唱歌〉 교과서는 대한
제국 학부에서 직접 편찬하지 않고 일본에서 사용한 『尋常小學唱歌』
(1906)를 수입하여 1908년 '학부인가교과도서'로 지정하여 사용하였다. 그
러니까 관공립학교에서 처음 사용된 『新編敎育唱歌集』은 일본에서 만들
고 일본에서 사용한 음악교과서를 그대로 옮겨온 것에 불과하다.

일제강점기 이전에 조선의 공교육에 사용한 최초의 음악교과서는 1910
년 5월 20일 대한제국 學部에서 편찬한 한글판 『普通敎育唱歌集』이다. 『普
通敎育唱歌集』은 한국에서 발행한 〈唱歌〉 교과서로서는 최초의 것이라고
는 하나, 이 역시 일본 교과서에 수록된 곡에서 선별하여 번역 출간한 것
이었다. 일본 전래의 노래, 메이지(明治)기 서양음악을 도입하여 화양절충
(和洋折衷)된 곡, 일본정서가 뚜렷한 곡들을 번역 수록하여 일본적 정서에
흡수 동화시키고자 함이었다. 이러한 의도는 책머리의 '例言'에 내포되어
있다.

> 一 本書는普通學校,師範學校,高等學校,高等女學校等其他一般諸學校에셔敎
> 授할目的으로써編纂흔者이라
> 二 本書는敎師用又는學員,學徒用으로使用흠을得흠이라
> 三 本書는學校에셔敎授홀뿐아니라家庭에셔使用흠도亦可흠이라[3]

3) 學部(1910), 『普通敎育唱歌集』, 韓國政府印刷局, p.1

위 '例言'의 대상을 보면 보통학교는 물론이려니와 사범학교, 고등학교, 고등여학교를 포함한 모든 학교의 학생과 교사용이라 명시되어 있어 보통학교 학도만을 위한 『普通敎育唱歌集』이 아님을 표명하고 있으며, 심지어는 가정에서도 사용함을 목적으로 하였던 만큼, 기존의 음악관련 서적을 일소하려는 정책적 측면을 드러내고 있다. 여기에 식민지 음악교육의 통제와 일본식 정서주입이라는 이중의도가 담겨 있음을 알 수 있다.

1910년 8월 합병 이후부터는 식민지 초등음악 교육목적에 따라 조선총독부가 편찬한 〈唱歌〉 교과서를 관공립학교를 중심으로 사용하게 된다. 여기에 식민지 초등음악 교육목적이 고스란히 담겨 있으며, 식민지 말기로 갈수록 점차 강화된 면을 보인다. 이는 4차례에 걸친 시기별 〈朝鮮敎育令〉(이하 敎育令)의 초등학교 규정에 구체적으로 드러나 있는데, 각 규정 공히 그들의 음악적 정서 이식을 전제하고 있어, 음악교육을 통하여 문명국으로 흡수형식의 동화, 나아가서는 황국신민화를 꾀하고 있었음이 파악된다. 각 교육령시기별 음악교육에 관한 법령을 〈표 1〉로 정리하였다.

〈표 1〉 〈朝鮮敎育令〉 시기별 음악교육규정

교육령 (공포일)	법 적 근 거	내　　용
1차 (1911.8.23)	보통학교규칙 13조 조선총독부령 제100호 (1911.10.20)	* 창가는 평이한 가곡을 부를 수 있어야 하며, 심정을 순정하게 하고 덕성을 함양하는 것을 요지로 한다. * 창가는 단음창가를 가르쳐야 하며, 그 가사 및 악보는 平易雅情하여 아동의 심정을 쾌활순미하게 기를 수 있는 것을 선택하여야 한다. * 창가를 가르칠 때에는 난해한 가사에 대하여 설명을 덧붙이고 그것의 大義를 了解할 수 있도록 하여야 한다.
2차 (1922.2.4)	보통학교규정 17조	* 창가는 平易한 가곡을 부를 수 있어야 하며, 또한 미적인 감각을 기르고 덕성을 함양하는 것을 요

	조선총독부령 제8호 (1922.2.20)	지로 한다.
3차 (1938.3.3)	소학교규정 26조 조선총독부령 제24호 (1938.3.15)	* 창가는 平易한 가곡을 부를 수 있어야 하며, 심정을 순정하게 하고 덕성을 함양하는 것을 요지로 한다. * 심상소학교에서는 단음창가를 부를 수 있어야 하며, 점차 나아가서는 평이한 복음창가를 불러도 무방하다. * 가사 및 악보는 平易하면서도 단아하고 바르게 하여 아동은 심정을 쾌활순미하도록 해야 한다. * 가사는 될 수 있는 대로 황국신민으로서의 情操를 함양하는데 적절한 것을 골라서 취하도록 한다.
4차 (1943.3.8)	국민학교령 (1941) 국민학교규정 15조 (1941.3.1)	* 예능과의 음악은 가곡을 바르게 가창하고 음악을 감상하는 능력을 길러서 황국신민으로서의 정조를 순화하는 것으로 한다. * 초등과는 평이한 단음창가를 부과하며, 적절하게 輪창가 및 중음창가를 추가하고 음악을 감상시키도록 해야 한다. * 또 악기지도도 할 수 있으며, 창가와 관련하여 적절하게 악전의 초보를 가르쳐야 한다. * 가사 및 악보는 국민적이어서 아동의 심정을 쾌활, 순미하게 하고 덕성을 함양하는데 기여하도록 해야 한다.
	조선총독부령 제90호 (1943.3.31)	* 아동의 음악적 자질을 계발하여 고상하고 우아한 취미를 함양하며 국민음악창조의 토대가 되도록 해야 한다. * 발음과 청음의 연습을 중시하여 자연적인 발성에 따르는 올바른 발음을 하도록 하며, 또한 음의 고저, 강약, 음색, 율동, 화음 등에 대하여 예민한 청각을 육성하도록 해야 한다. * 축제일 등의 창가에 대해서는 주도면밀한 지도를 하여 경건한 念을 기르며, 애국의 정신을 앙양하도록 힘써야 한다. * 학교 행사 및 단체행동과의 관련에 유의하여야 한다.

규정상 표면에 드러나 있는 음악교육의 요지를 보면, 〈一次 敎育令〉시기에는 아동의 미적 감각과 덕성함양에 중점을 두었고, 난해한 가사에 대해서는 설명을 덧붙여 大義를 이해할 수 있도록 하였다. 〈二次 敎育令〉시기는 문화정치가 시행되었던 까닭에 〈一次 敎育令〉시기에 비해 다소 완화된 면을 보여주고 있다. 그러다가 중일전쟁(1937)을 계기로 본격적인 전쟁기로 접어든 〈三次 敎育令〉시기에서부터 크게 일변한다. 기존의 규정에 '황국신민으로서의 情操를 涵養하는데 적절한 것을 취하도록' 하는 규정을 더하여 〈唱歌〉과 역시 황국신민으로의 연성이 크게 부각되어 있다.

식민지 초등음악교육규정의 획기적인 변화는 〈四次 敎育令〉의 〈國民學校規定〉에서 찾아볼 수 있다. 〈표 1〉에서 알 수 있듯이 〈四次 敎育令〉시기는 무엇보다도 '二世國民의 國民化를 위한 國民音樂의 創造'에 그 목적을 두고 있어 가사 및 악보를 취하는 것에서부터 발음과 청음연습, 예민한 청각육성이 실전에 대비한 교육임을 말해주고 있다. 특히 '축제일 등의 창가(의식창가)에 대한 주도면밀한 지도로 애국정신 앙양을 도모하는 내용의 규정을 삽입하여 실전을 대비한 정신교육을 강조한 것도 간과할 수 없는 부분이라 하겠다.

2.2 일제강점기 〈唱歌〉 교과서와 주당 교수시수

조선총독부는 〈표 1〉의 시기별 음악교육규정을 바탕으로 〈唱歌〉 교과서를 편찬하였고 이를 공교육 현장에서 교육함으로 의도된 교육목적을 점진적으로 달성해 나갔다. 무엇보다 주목되는 점은 사용언어의 표기일 것이다.

일제강점기 조선총독부에 의해 편찬된 〈唱歌〉 교과서는 강점초기 일본어에 익숙하지 못한 식민지 아동의 접근성을 고려하여 『新編唱歌集』(1914)과 『普通學校唱歌書』(1920) 1학년용에 한하여 한글표기 곡을 일부

수록하였을 뿐, 대부분이 일본어표기로 되어 있다. 다만 〈二次 敎育令〉시기에 보충교재로 발간한 『普通學校補充唱歌集』(1926)에 23곡을 수록하였던 것은 3·1운동 이후 조선총독부의 정책방향이 문화정책으로 선회하였던 까닭에 조선인의 정서를 감안한 것으로 볼 수 있겠다.

〈三次 敎育令〉 이후의 〈唱歌〉 교과서는 전면 일본어표기로 되어 있어 한글표기 곡은 전무하다. 이는 본격적으로 그들의 음악적 장치에 언어적 이데올로기 주입을 획책하고 있었음을 말해주고 있다. 각 교육령 시기별 〈唱歌〉 교과서의 편찬과 수록곡에 대한 사항을 〈표 2〉로 정리하였다.

〈표 2〉 조선총독부 발간 〈唱歌〉 교과서의 편찬사항과 수록곡 분류표

시기	교 과 서 명	발행년월	일본어창가		조선어창가(%)	계	비고
			의식창가(%)	일반창가(%)			
1차	新編唱歌集(전학년)	1910. 5	6(6.8)	29(70.7)	6(6.8)	41	일본어, 한글
	普通學校唱歌書(1學年)	1920. 3	1(5.0)	11(55.0)	8(40.0)	20	〃
	普通學校唱歌書(2學年)	〃	2(10.5)	17(89.5)	-	19	일본어
	普通學校唱歌書(3學年)	〃	6(26.1)	17(73.9)	-	23	〃
	普通學校唱歌書(4學年)	〃	6(26.1)	17(73.9)	-	23	〃
2차	普通學校補充唱歌集	1926. 1		37(61.7)	23(38.3)	60	일본어, 한글
3차	みくにのうた(전학년)	1939. 3	11(100)	-	-	11	일본어
	初等唱歌(1學年)	〃	-	25(100)	-	25	〃
	初等唱歌(2學年)	〃	-	25(100)	-	25	〃
	初等唱歌(3學年)	1940. 3	-	25(100)	-	25	〃
	初等唱歌(4學年)	〃	-	25(100)	-	25	〃
	初等唱歌(5學年)	1941. 3	-	25(100)	-	25	〃
	初等唱歌(6學年)	〃	-	25(100)	-	25	〃
4차	ウタノホン 一年(1學年)	1942. 9	1(4.8)	20(95.2)	-	21	〃
	ウタノホン 二年(2學年)	1942. 10	2(9.1)	20(90.9)	-	22	〃
	初等音樂(3學年)	1943. 3	6(21.5)	22(78.5)	-	28	〃
	初等音樂(4學年)	〃	6(21.5)	22(78.5)	-	28	〃
	初等音樂(5學年)	1944. 3	7(24.1)	22(75.9)	-	29	〃
	初等音樂(6學年)	〃	7(24.1)	22(75.9)	-	29	〃
총 수 록 곡			**61** (12.1%)	**406** (80.6%)	**37** (7.3%)	**504**	

또 하나 간과 할 수 없는 것은 일본적 정서와 제국주의적 성격이 가장 두드러진 의식창가(儀式唱歌)를 위와 같이 전 시기 각권에 공통 수록하여 국체인식은 물론, 군국일본을 위한 충성심을 유도하였다는 점이다.

모두 3편으로 구성된 『新編唱歌集』의 제1편은 「君が代」, 「一月一日」, 「紀元節」, 「天長節」, 「勅語奉答」, 「卒業式」 등 6곡의 의식창가가 수록되어 각 학년 공히 교육되었다. 『新編唱歌集』이 전학년용인데 비해, 학년별 교육의 필요성에 의해 1920년 1월 편찬된 『普通學校唱歌書』는 전4권으로 편성되어 있다. 수록된 의식창가는 제1학년용에 『君が代』, 제2학년용에는 「君が代」와 「天長節」, 제3학년과 4학년용에는 「君が代」, 「一月一日」, 「紀元節」, 「天長節」, 「勅語奉答」, 「卒業式」 등 6곡이 수록되어 있다. 이는 조선아동이 다니는 보통학교의 교육과정이 4년제이면서도 실제로는 3년으로 단축된 학교가 많았던 점에 착안한 조선총독부가 보통학교 3년 과정에서 의식창가를 모두 익힐 수 있게 하려는 의도였을 것이다.

베네딕트 앤더슨이 『상상의 공동체』에서 "아무리 가사가 진부하고 곡이 평범하다 하여도 國歌를 부르는데서 同時性을 경험할 수 있다."[4]고 하였듯이, 학교에서 배워 실생활에까지 연계하는 의식창가는 각기 다른 장소이거나 서로 모르는 사이일지라도 同時性, 즉 일체감을 유발함과 아울러 전파성 지속성 등 초등음악교육의 효과를 배가하였다. 가장 일본적인 의식창가를 통하여 조선아동에게 일본정서를 심어주고, 아울러 반복 가창 혹은 제창하게 함으로 교육의 극대화를 꾀하였다.

이러한 점에서 내선일체와 황민화에 교육목적을 두었던 〈三次 敎育令〉 시기에 별책으로 발간된 『みくにのうた』(1939, 전학년용)는 기존의 의식창가에 「神社參拜唱歌」와 당시 제2의 國歌로까지 불렸던 「海ゆかば」, 군가적 성격을 띤 「愛國行進曲」 등을 새로이 추가함으로 전쟁에 대한 의기

4) 베네딕트 앤더슨·윤형숙 역(2002), 『상상의 공동체』, 나남출판, p.188

를 고쳐시키기도 하였다. 그러다가 〈四次 敎育令〉 시기에는 다시 각 학년별로 적게는 1곡, 많게는 7곡까지 반복 수록하여 교육함으로써 의식교육의 지속성을 유지하였다.

이와 더불어 교육된 『初等唱歌』(1939～1941)의 「愛馬進軍歌」, 「國民進軍歌」, 「空の勇士」, 「興亞行進曲」, 「太平洋行進曲」 등이나, 『ウタノホン』(1942)의 「兵たいさん」, 「ヒカウキ」, 「軍カン」, 「テツカブト」, 「おもちゃの戦車」 등, 『初等音樂』(1943～1944)의 「忠靈塔」, 「戰友」, 「大東亜」, 「少年戰車兵」, 「肇國の歌」, 「落下傘部隊」 등이 군가적 성격이 농후한 단원은 궁극적으로 황국신민양성, 즉 전쟁동원을 위한 인력양성을 목적으로 하였음을 알 수 있다.

다음은 각 교육령별 주당 교수시수이다.

〈표 3〉 각 교육령 시기별 주당 교수시수

<table>
<tr><td rowspan="2">시기
과목/
학년</td><td colspan="4">제1차 조선교육령</td><td colspan="6">제2차 조선교육령</td><td colspan="6">제3차 조선교육령</td><td colspan="6">제4차 조선교육령</td></tr>
<tr><td>1</td><td>2</td><td>3</td><td>4</td><td>1</td><td>2</td><td>3</td><td>4</td><td>5</td><td>6</td><td>1</td><td>2</td><td>3</td><td>4</td><td>5</td><td>6</td><td>1</td><td>2</td><td>3</td><td>4</td><td>5</td><td>6</td></tr>
<tr><td>창가</td><td rowspan="2">3</td><td rowspan="2">3</td><td rowspan="2">3</td><td rowspan="2">3</td><td rowspan="2">3</td><td rowspan="2">3</td><td rowspan="2">3</td><td>1</td><td>1</td><td>1</td><td rowspan="2">4</td><td rowspan="2">4</td><td>1</td><td>1</td><td>2</td><td>2</td><td>5</td><td>6</td><td>2</td><td>2</td><td>2</td><td>2</td></tr>
<tr><td>체조</td><td>남3
여2</td><td>남3
여2</td><td>남3
여2</td><td>3</td><td>3</td><td>남3
여2</td><td>남3
여2</td><td></td><td></td><td></td><td></td><td></td><td></td></tr>
</table>

〈표 3〉을 보면 이전 통감부 시기에는 '時宜에 따라' 적절하게 운용하였던 〈唱歌〉과가 〈一次 敎育令〉기에는 〈體操〉과와 더불어 각 학년에 주당 3시간씩 배정되었으며, 〈二次 敎育令〉기에는 4학년부터 독립교과로서 시간이 배정되어 있음을 알 수 있다. 그것이 〈三次 敎育令〉기에 접어들면서 〈體操〉과목과 더불어 중요성이 부각됨에 따라 시수도 늘어나게 되었다. 1, 2학년은 〈體操〉과와 더불어 4시간씩 배정되었으며, 3학년부터는 독립교과목으로서 1시간을, 5학년부터는 2시간으로 증가 배정하였다.

앞서 언급하였듯이 〈四次 敎育令〉기 교과목 체제가 일변하게 됨에 따라 예능과로 개설된 6과목(음악, 습자, 도화, 공작, 가사, 재봉) 중 분화 독립된 '음악' 과목으로서 저학년에 5~6시간, 3학년부터는 2시간씩 배정하고 있다.

초기의 〈唱歌〉과는 〈體操〉과와 더불어 적절하게 운용할 수 있도록 시수배정을 하고 있어, 특히 〈體操〉 과목과의 연계를 주장하고 있었다. 그것이 식민지 말기로 갈수록 〈體操〉 이외의 타과목과의 연계성을 고려하면서도 독립된 교과목으로서 별도로 시수배정을 하여 그 중요성을 부각하였다.

일제의 식민지 정책은 〈唱歌〉 과목의 장점을 통하여 이처럼 유효적절하게 운용되고 있었다. 식민지 교육목적에 따라 제정된 교육법령, 그에 따라 편찬된 교과서와 배정된 수업시간에 의하여 식민지 조선아동은 그들의 음악적 정서 안으로 서서히 편입되어가고 있었던 것이다.

3. 본서의 편제 및 구성

본 조선총독부 편찬 『초등학교 〈唱歌〉 교과서 대조번역』은 가사내용의 대조번역서이므로 악보 부분은 생략하였다. 上卷에 수록된 의식창가나 中卷의 『みくにのうた』에 수록된 의식창가의 원문은 각 절을 숫자로 표기하고 있으나, 下卷에 수록된 의식창가 중 「一月一日」과 「紀元節」이 각 절을 장(章)으로 표기하고 있어 그대로 반영하였다.

아래 〈표 4〉는 조선총독부 편찬 〈唱歌〉 교과서의 발간시기와 수록곡 분량에 따라 구성한 본서의 편제이다.

〈표 4〉 조선총독부 편찬 『초등학교 〈唱歌〉 교과서 대조번역』의 편제

권	교 과 서 명	발행년도	권수	수록곡수	비고
上卷	新編唱歌集(全學年用)	1914	1	41	
	普通學校唱歌書(1~4學年)	1920	4	85	
	普通學校補充唱歌集(1~6學年)	1926	1	60	
	소 계		6권	186	조선어창가 37곡 포함
中卷	みくにのうた(全學年用)	1939	1	11	
	初等唱歌(1~6學年)	1939-1941	6	150	
	소 계		7권	161	
下卷	ウタノホン(1~2學年)	1942	2	43	
	初等音樂(3~6學年)	1943-1944	4	114	
	소 계		6권	157	
합 계			19권	504곡	

본서의 원문서인 당시의 〈唱歌〉 교과서는 가로쓰기와 세로쓰기를 병행하고 있다. 가로쓰기는 음악지도를 위한 악보에 삽입된 가사의 경우이고, 일반적으로 가사내용의 경우 전면 세로쓰기 형식을 취하고 있다.

본서는 세로쓰기로 되어 있는 원문 가사내용을 가로쓰기로 하여 左面에, 그리고 번역문은 右面에 수록하여 左右面을 동시에 보면서 대조할 수 있도록 구성하였다. 또한 원문서의 삽화는 左面 원문 부분에 배치하여 원문서가 가진 분위기를 최대한 살리기 위해 노력하였다.

4. 본서의 특징 및 성과

본 집필진이 심혈을 기울여 출판한 **조선총독부 편찬 『초등학교 〈唱歌〉 교과서 대조번역』**은 관련 연구자들의 연구적 기반이 됨은 물론, 배움 중

에 있는 학생이나 일반인들에게까지 충분히 다가갈 수 있을 것이다. 그 밖의 특징 및 성과는 다음 각 항으로 정리하였다.

(1) 그동안 한국근대사에서 배제되어 온 일제강점기 초등학교용 〈唱歌〉 교과서를 다층적, 종합적으로 파악할 수 있다.

(2) 일제강점기 〈唱歌〉 교과서에는 식민지 동화교육의 핵심이라 할 수 있는 국가적 이데올로기가 가사내용에 함축되어 있어 당시 교육정책의 입안자가 어떠한 비전을 가지고 있었는지, 그 교육을 받았던 세대(世代)가 장차 어떠한 방식으로 새역사를 창출해 갔는지도 알아낼 수 있다.

(3) 본서의 또 하나의 장점은 본 교과목의 특성상 체육이나 여타 예능과는 물론이려니와, 〈國語〉·〈修身〉 등의 교과목과도 불가분의 관계에 있어 일제강점기 전반적인 초등교육의 실태까지도 아울러 살필 수 있다.

(4) 일제강점기 조선의 관공립학교에서 교육된 조선총독부 편찬 〈唱歌〉 교과서 총 19권의 발굴 정리와 이의 원문구축은 일제의 식민지교육 정책과 방향이 실제 교육현장에서 어떻게 이루어지고 있었는지를 쉽게 파악할 수 있다.

(5) 조선총독부 편찬 〈唱歌〉 교과서에 수록된 곡의 상당수가 일본 〈唱歌〉 교과서에서 선택 수록한 것들이라는 점에서 양국 음악교육의 실상은 물론이려니와, 그것이 식민지인에게는 어떻게 왜곡되어 교육되었는지 알아낼 수 있다.

(6) 본서는 한국 근대초기 교육의 실상과 식민지 음악교육의 실체는 물론, 단절과 왜곡을 거듭하였던 한국근대사의 일부를 재정립할 수 있는 계기를 마련함으로써 다각적인 학제적 접근을 용이하게 할 것이다.

(7) 일제강점기의 〈唱歌〉 교과서는 대부분 일본어로 기술되어 있는 데다, 축약된 詩語로 표기되어 있어, 그동안 일반인들이나 연구자들의 접근

을 어렵게 하였다. 이에 원문과 번역을 일일이 대조하여 볼 수 있도록 구성한 본 집필진의 원문대비 〈대조번역서〉는 누구나 쉽게 접근할 수 있는 학문적 토대가 될 것이다.

본서는 개화기, 통감부기, 일제강점기로 이어지는 역사의 흐름 속에서 한국 근대교육의 실태는 물론이려니와, 일제에 의해 왜곡된 갖가지 논리에 대응하는 실증적인 자료를 제공함으로 연구자들의 연구 기반을 구축하였다고 자부하는 바이다.

이로써 그간 단절과 왜곡을 거듭하였던 한국근대사의 일부를 복원·재정립할 수 있는 논증적 자료로서의 가치창출과, 일제에 의해 강제된 근대 한국의 음악교육 실상을 재조명할 수 있음은 물론, 한국학의 지평을 확장하는데 크게 기여할 수 있으리라고 본다.

1985년 어느 무더운 여름! 일본 정부가 세계의 '고등학교 일본어교사'들을 동경에 초청하여 2개월 간에 걸친 〈일본어교사 연수〉를 시행하는 과정 중, 〈동경부인회〉 주최의 리셉션에서 일어난 일이다.

넓은 홀에는 BGM으로 조용히 흘러나오는 1940년대의 동요를 들은 한국의 나이 드신 교사는, 자신도 "부르고 싶은 노래가 있다"며 무대로 나가, 「황혼녘 저녁노을(ユフヤケ コヤケ)」을 불렀다. 이를 본 한국의 어떤 젊은 일본어교사가 "때와 장소가 적당치 않다"며 무대로 나아가 그 교사를 끌고 내려와, 일순간 분위기가 어색해진 일이 있다. 나이 든 교사는 일제강점기인 10대때에 학교에서 배워 익숙한 노래를 듣고 '소년적 동경'에 젖어 울컥한 마음에 무대로 나간 것을 젊은 교사는 '親日的 行爲'로 달리 해석했던 것이다.

인간이 노화되어 감에 따라 기억이 사라져가지만, 아동기에 배우고 따라 부르던 노래는 죽는 순간까지 생생하게 기억한다는 사실은 우리에게 시사하는 바가 대단히 크다.

2012년 11월, 지방의 어느 학회에서 일제강점기 조선총독부 편찬 초등학교 〈唱歌〉 교과서와 관련된 연구발표를 하는데, 토론자 중 한 사람이 "이 분야는 연구가 거의 끝났는데 또 하는가?"라는 질문을 했다. 그래서 나는 "소세키의 『도련님(坊っちゃん)』이나 가와바타의 『雪國』은 3~400편 이상의 논문이 나왔어도 '연구가 끝났다'는 말을 하지 않으면서, 〈창가〉 연구는 극소수의 논문이 나왔을 뿐인데 어떻게 끝났다고 할 수 있는가? 일본 작품은 인터넷으로 주문하면 10일 전후면 책을 받아볼 수 있으나, 여러분은 〈唱歌〉 교과서를 본 적이 있는가? 아울러 퇴계나 소세키, 공자 같은 인문학은 지금까지 엄청난 연구비가 사용되었다 해도 100년 후에는 다시 22세기의 세태를 새롭게 판독하는 인문학으로 계속 연구되어야 하지 않겠는가?"라고 답변한 적이 있다.

일제강점기 식민지 조선아동의 '백지의 영혼'에 교육되어, 의식세계를 좌우한 요인의 하나라 할 수 있는 〈修身〉과 〈讀本〉 교과서의 재조명과 집중연구에 이은 본 〈唱歌〉 교과서의 대조번역 작업은 식민지 조선인의 무의식 세계를 형성하는 주요 요인을 구명하는 작업이 될 것이다. 이를 기점으로 본 집필진은 아동과 청소년 뿐만 아니라 대중의 정서를 이용하여 선전 및 선동적 역할을 했던 운율에 대한 연구로서 일제강점기 엔카(演歌)나, 청일·러일전쟁에서 중일·태평양전쟁에 이르는 전쟁기에 일반화되었던 본격적인 군가(軍歌)까지 연구 확장을 시도하고 있는 중에 있다.

이러한 일련의 작업은 반일(反日)을 하자는 것도 아니요 친일(親日)을 하자는 것은 더더욱 아니다. 실체적 진실을 구명(究明)하여 한일관계의 개선을 추구하려 하였으나, 이제까지 받은 교육의 영향으로 한국인의 시선으로 판독된 것도 상당히 많으리라 사료된다. 완전하지는 않지만 이 작업을 토대로 하여, 다음 사람들은 이 토대에서 시작할 수 있을 뿐만 아니라 다른 여러 학문분야로 그 외연이 확장되고 이와 연관된 연구가 좀 더 활성화될 수 있으리라 기대해본다.

앞으로 일본인의 시선으로 판독된 것과 접목하여 선린 우호적 한일관계로 개선되기를 희망한다.

2013년 6월

전남대학교 일어일문학과 교수 김순전

凡 例

1. 원본의 세로쓰기를 편의상 좌로 90도 회전하여 가로
   쓰기로 하였다.

2. 반복첨자 기호는 가로쓰기이므로 반복표기로 하였다.

3. 한자의 독음은 ( )안에 표기하였다.

4. 중국어 표기는 알려진 지명의 경우 한자 독음을 사용
   하였으며, 그 외에는 원문의 독음을 적용하였다.

5. 원문의 가운뎃점(·)은 번역문에서 독점(,)으로 변환
   하였다.

6. 특정용어는 시대상황을 고려하여 당시의 사용언어 그
   대로 적용하였다.

   ex) 일본 : 내지, 일본의 東海 : 동해,
       한국의 東海 : 일본해, 한글 : 조선어

7. 목차와 각 단원 제목의 띄어쓰기 및 줄 간격은 편집상
   의 이유로 생략하였다.

   ex) 君　が　代 → 君が代,
       時計　の　歌 → 時計の歌

8. 일부 가사는 역사적가나(歷史的假名)를 사용하고 있
   고, 단어 전체 혹은 일부만 표음적가나(表音的假名)
   를 부기하고 있는 바 원문 그대로 표기하였다.

   ex) いはほ(イワオ), いはほ(わお), イハホ(ワオ),
       イハヘ(ワエ)

일제강점기 조선총독부 편찬
초등학교 〈唱歌〉 교과서 대조번역 (下)

『ウタノホン』

一ネン

ウタノホン

ーネン

朝鮮總督府

『ウタノホン』一ネン
『노래책』 1학년

もくろく(목록)

	君が代	38
	기미가요	39
一	ガクカウ	40
	학교	41
二	ヒノマル	42
	일장기	43
三	カクレンボ	44
	숨바꼭질	45
四	ハトポッポ	46
	비둘기 구- 구	47
五	キシャゴッコ	48
	기차놀이	49
六	カヘル	50
	개구리	51
七	ウミ	52
	바다	53
八	タネマキ	54
	씨뿌리기	55
九	ユフヤケコヤケ	56
	황혼녘 저녁노을	57
十	モモタラウ	58
	모모타로	59
十一	ヘイタイゴッコ	60
	병정놀이	61
十二	オツキサマ	62
	달님	63
十三	ヒヨコ	64
	병아리	65

十四	オウマ	66
	말	67
十五	子牛	68
	송아지	69
十六	オカアサン	70
	어머니	71
十七	オ正月	72
	설날	73
十八	ユキ	74
	눈	75
十九	スズメ	76
	참새	77
二十	ヒカウキ	78
	비행기	79

君が代

君が代は、
ちよにやちよに、
さざれいしの、
巌となりて
こけのむすまで。

기미가요[1]

천황의 성대는
천대만대에 걸쳐
조약돌이
바위가 되고
이끼가 낄 때까지

1 **기미가요**(君が代) : 일본의 국가(國歌)로 가사는 『고킨와카슈(古今和歌集)』에 수록된 와카(和歌)에서 유래되었다. 옛 일본인들은 조약돌이나 모래가 오랜 세월에 걸쳐서 응고하여 바위가 생긴다고 믿고 있었다. 기미가요는 1880년 메이지(明治) 천황의 생일 축하연에서 처음으로 연주되었다. 근대에 들어와서 군국주의자들이 주체가 되어 히노마루와 기미가요는 일본인의 혼처럼 여기도록 교육시켰고, 히노마루를 품에 안고 기미가요를 부르며 천황을 위해 서슴없이 몸을 바치도록 강요하였다.

一　ガクカウ

一　ミンナデ　ベンキャウ
　　　　　　ウレシイナ、
コクミンガクカウ
　　　　　　イチネンセイ。

二　ゲンキデ　タイサウ
　　　　　　イチ、ニッ、サン、
コクミンガクカウ
　　　　　　イチネンセイ。

1. 학교

1 모두 함께 공부하자
　　즐거웁구나
국민학교
　　1학년

2 씩씩하게 체조하자
　　하나, 둘, 셋
국민학교
　　1학년

二　ヒノマル

一　アヲゾラ　タカク
　　ヒノマル　アゲテ
　　アア、　ウツクシイ、
　　ニホンノ　ハタハ。

二　アサヒノ　ノボル
　　イキホヒ　ミセテ、
　　アア　イサマシイ、
　　ニホンノ　ハタハ。

2. 일장기[2]

1 푸른 하늘 드높이
　일장기 게양하니
　아ー 아름다워라
　일본의 국기는

2 아침해 솟아오르는
　기상이 보이니
　아ー 용맹스러워라
　일본의 국기는

2 **일장기**(日の丸) : 일본의 국기, 히노마루(日の丸)라고도 함. 흰 바탕 한 가운데에 커다란 붉은색 원이 그려진 히노마루는 일본의 조상신 아마테라스오미카미(天照大神)가 태양신의 후손이라는 신화에서 유래되어 태양이 솟아오르는 근원임을 형상화하고 있다. 1855년 에도시대(江戸時代) 사쓰마(薩摩) 번주(藩主) 시마즈 나리아키라(島津斉彬)가 막부에 건의하여 히노마루(日の丸)를 일본 선박의 깃발로 사용하도록 허락 받았다. 이후 메이지정부가 성립되고 1870년 정식으로 히노마루를 일본국의 상징으로 정했다. 1945년 패전과 함께 연합군사령부가 히노마루의 공식게양을 금지한 것도 히노마루와 기미가요를 침략과 전쟁범죄의 상징물로 인식했기 때문이다. 그 후 일본의 히노마루에 대한 해석은 애매했으나 1999년 8월 22일 "국기(國旗)는 일장기로 한다. 국가(國歌)는 기미가요로 한다."는 내용의 '국기・국가 법안'이 일본 중의원을 통과함에 따라 일장기는 법적으로도 공식적인 국기가 되었다.

三　カクレンボ

カクレンボスル　モノ
ヨットイデ。
ジャン　ケン　ポン　ヨ、
アヒコデ　ショ。
モウ　イイ　カイ。
マアダ　ダ　ヨ。
モウ　イイ　カイ。
マアダ　ダ　ヨ。
モウ　イイ　カイ。
モウ　イイ　ヨ。

3. 숨바꼭질

숨바꼭질할 사람
이리 모여라
가위, 바위, 보
비겼다
이제 되었니?
아—직 멀었다
이제 되었니?
아—직 멀었다
이제 되었니?
이제 되었다

四　ハトポッポ

一　ポッポッポ、
　　ハト　ポッポ、
　　　マメガ　ホシイカ、
　　　ソラ　ヤルゾ。
　　　ミンナデ　イッショニ
　　　タベニ　コイ。

二　ポッポッポ、
　　ハト　ポッポ、
　　　マメハ　ウマイカ、
　　　タベタナラ、
　　　ミンナデ　ナカヨク
　　　アソバウヨ。

4. 비둘기 구ー구

1 구ー구ー구
  비둘기 구ー구
      콩이 먹고프냐?
      그럼 주고 말고!
      모두 다함께
      먹으러 오렴

2 구ー구ー구
  비둘기 구ー구
      콩은 맛있었어?
      먹었으면
      모두들 사이좋게
      놀으렴

五　キシャゴッコ

一　フエガ　ナッタヨ、
　　ソラ　ハッシャ。
　　オテテヲ　マハシテ
　　ポッシュッシュ。
　　ハナノ　トンネル
　　シュッ　ポッポ。

二　ココハ　テッケウ
　　ホソイ　ミチ。
　　オテテヲ　ハナスナ
　　ポッシュッシュ。
　　スナノ　サカミチ
　　シュッ　ポッポ。

5. 기차놀이

1 호루라기 울렸다
　자― 출발!
　손을 돌려서3
　칙칙 폭폭
　꽃터널
　칙칙 폭폭

2 여기는 철교
　좁은 길
　손을 놓지 말아라
　칙칙 폭폭
　모래 비탈길
　칙칙 폭폭

3 '손을 돌려서'란 기차놀이 할 때 기관차의 피스톤이 움직이는 모습을 손으로 묘사한 것임

六　カヘル

```
一　ヒロイ　タンボニ
　　タウヱガ　スンダ。
　　カヘル　カヘル
　　ウレシカラウ。
　　ヒルハ　マイニチ
　　ウンドウクヮイ　ダ。
　　ピョン　ピョン
　　トンダリ　オヨイダリ。

二　ヒロイ　タンボガ
　　アヲタニ　ナッタ。
　　カヘル　カヘル
　　ウレシカラウ。
　　ヨルハ　マイバン
　　オンガククヮイダ。
　　ググググ　ガガガガ
　　ケレッケッケ。
```

6. 개구리

1 넓은 논에
   모내기가 끝났네
   개구리 개구리
   좋아하겠지
   낮에는 날마다
   운동회라네
   폴짝 폴짝
   뛰어다니고 헤엄도 치네

2 넓은 논이
   푸른 논 되었네
   개구리 개구리
   좋아하겠지
   밤에는 밤마다
   음악회라네
   개굴 개굴 개구리
   노래하지요

七　ウミ

一　ウミハ　ヒロイナ、
　　　　オホキイナ、
　　ツキガ　ノボルシ、
　　　　日ガ　シヅム。

二　ウミハ　オホナミ、
　　　　アヲイ　ナミ、
　　ユレテ　ドコマデ
　　　　ツヅクヤラ。

三　ウミニ　オフネヲ
　　　　ウカバシテ、
　　イッテ　ミタイナ、
　　　　ヨソノ　クニ。

7. 바다

1 바다는 넓고도
　크지요
　달이 떠오르니
　해가 저무네

2 바다는 큰 파도
　푸른 물결
　흔들려 어디까지
　이어질 건가

3 바다에 배를
　띄워
　가보고 싶어라
　다른 나라로

八　タネマキ

一　パラパラ　パラパラ、
　　タネマキシマセウ。
　　マイタラ　日ガ　テレ、
　　アメガ　フレ。

二　パラパラ　パラパラ、
　　タネマキスレバ、
　　メ　ガ　デテ、　ハ　ガ　デテ、
　　ハナガ　サク。

8. 씨뿌리기

1 후드득 후드득
　씨앗을 뿌리자
　뿌렸으니 해야 비춰라
　비야 내려라

2 후드득 후드득
　씨앗을 뿌렸으니
　싹이 트고 잎이 나와
　꽃이 피겠지

九　ユフヤケコヤケ

一　アカイ　アカイ　オ空、
　　オ山ガ　モエル。
　　ユフヤケ　コヤケ、
　　カササギ　イソゲ。

二　アカイ　アカイ　オ空、
　　オカホガ　モエル。
　　ユウヤケ　コヤケ、
　　ウタッテ　カヘラウ。

9. 황혼녘 저녁노을

1 붉디 붉은 하늘
　산이 타오르네
　해질녘 저녁노을
　까치야 서둘러라

2 붉디 붉은 하늘
　얼굴이 타오르네
　해질녘 저녁노을
　노래하며 돌아가자

十　モモタラウ

一　ハタハ　日ノマル、
　　　　アヲイ　ウミ、
　チヒサナ　フネガ
　　　　ホ　ヲ　アゲタ。

二　フネニ　キルノハ
　　　　モモタラウ、
　オトモハ　サルト
　　　　犬ト　キジ。

三　ハマデ　見オクル
　　　　オヂイサン、
　ナランデ　手ヲ　フル
　　　　オバアサン。

10. 모모타로

1 깃발은 일장기
　　　　푸른 바다
자그마한 배가
　　　　돛을 올렸네

2 배에 있는 사람은
　　　　모모타로4
일행은 원숭이와
　　　　개와 꿩

3 바닷가에서 배웅하는
　　　　할아버지
나란히 손을 흔드는
　　　　할머니

4 **모모타로**(桃太郞) : 일본 전래동화의 주인공. 영웅이 악인을 퇴치하는 것을 주제로 한 이상 탄생설화의 하나이다. "어느날 할머니가 냇가에서 빨래하고 있는데 커다란 복숭아가 떠내려와 건져보니 복숭아 안에 사내아이가 들어 있었다. 이를 발견한 노부부는 집으로 데려와 복숭아에서 태어났다고 해서 복숭아를 뜻하는 '모모'와 장남을 뜻하는 '타로'를 따서 '모모타로'라고 이름을 짓고 정성들여 양육한다. 모모타로가 점점 자라 어른이 되자 도깨비를 정벌하러 도깨비섬으로 가기 위해 할머니께 수수경단을 만들어 달라고 한다. 할머니가 만들어준 수수경단을 가지고 출발한 모모타로는 가던 도중 수수경단으로 개와 원숭이, 꿩을 부하로 거느리고 도깨비섬을 찾아가 마침내 도깨비를 항복시키고 빼앗은 보물을 가지고 돌아온다."는 내용으로 되어 있다.

十一　ヘイタイゴッコ

一　カタカタ　カタカタ、
　　　パンポン　パンポン。
　　　ヘイタイゴッコ。
　　カタカタ　カタカタ、
　　　パンポン　パンポン。
　　　ボクラハ　ツヨイ。

二　カタカタ　カタカタ、
　　　パンポン　パンポン。
　　　ススメヨ、ススメ。
　　カタカタ　カタカタ、
　　　パンポン　パンポン。
　　　テキヘイハ　ニゲル。

11. 병정놀이

1 따따따따 따따따따
　　빵 빵 피융 피융
　　병정놀이
따따따따 따따따따
　　빵 빵 피융 피융
　　우리들은 용감하네

2 따따따따 따따따따
　　빵 빵 피융 피융
　　돌진하세 돌진해
따따따따 따따따따
　　빵 빵 피융 피융
　　적병(敵兵)은 도망가네

十二　オ月サマ

一　出タ、出タ、月ガ。
　　マルイ　マルイ　マンマルイ
　　ボンノ　ヤウナ　月ガ。

二　カクレタ、クモニ。
　　クロイ　クロイ　マックロイ
　　スミノ　ヤウナ　クモニ。

三　マタ　出タ、月ガ。
　　マルイ　マルイ　マンマルイ
　　ボンノ　ヤウナ　月ガ。

12. 달님

1 나왔다 나왔어 달님이
　동그랗고 동그란 아주 동그란
　쟁반 같은 달님이

2 숨었다 구름 속으로
　까맣고 까만 아주 새까만
　먹물 같은 구름 속으로

3 다시 나왔다 달님이
　동그랗고 동그란 아주 동그란
　쟁반 같은 달님이

十三　ヒヨコ

一　ヒヨヒヨ　ヒヨコ
　　　　チヒサナ　ヒヨコ
　　キャウダイ　ナカヨク
　　　　イッショニ　アルケ、
　　アシノ　ツヨク
　　　　ナラヌ　ウチニ、
　　トホクヘ　イクナ
　　　　ヒトリデ　イクナ。

二　ヒヨヒヨ　ヒヨコ
　　　　カハイイ　ヒヨコ。
　　イツデモ　オヤニ
　　　　ダカレテ　ネムレ、
　　ハネノ　ナガク
　　　　ナラヌ　ウチニ、
　　ハナレテ　ネルナ
　　　　ヒトリデ　ネルナ。

13. 병아리

1 삐악 삐악 병아리
　　　　자그마한 병아리
형 동생 사이좋게
　　　　함께 걸어라
다리가 튼튼하게
　　　　되기 전에는
멀리 가지 말아라
　　　　혼자 가지 말아라

2 삐악 삐악 병아리
　　　　귀여운 병아리
언제나 엄마 품에
　　　　안겨 자거라
날개가 크게
　　　　자라기 전에는
떨어져 자지 말아라
　　　　혼자 자지 말아라

十四　オウマ

一　オウマノ　オヤコハ、
　　　　ナカヨシ　コヨシ。
　　イツデモ　イッショニ、
　　　　ポックリ　ポックリ
　　　　　　アルク。

二　オウマノ　カアサン、
　　　　ヤサシイ　カアサン。
　　コウマヲ　見ナガラ、
　　　　ポックリ　ポックリ
　　　　　　アルク。

14. 말

1 엄마 말과 망아지는
    좋은 사이 친한 사이
언제나 사이좋게
    따각 따각
        걷지요

2 망아지의 어미말
    상냥한 엄마
망아지를 보면서
    따각 따각
        걷지요

十五　子牛

一　ウチノ　子牛ハ　カハイイナ
　　イツモ　オチチヲ　ノンデキル。

二　ウチノ　子牛ハ　キレイダナ
　　オヤ牛　イツモ　ナメテヤル。

三　ウチノ　子牛ハ　ゲンキダナ
　　イツモ　アチコチ　カケマハル。

15. 송아지

1 우리집 송아지는 귀여웁지요
  언제나 엄마 젖을 먹고 있네요

2 우리집 송아지는 깨끗하지요
  엄마 소 언제나 핥아주지요

3 우리집 송아지는 튼튼하지요
  언제나 여기저기 뛰어다녀요

十六　オカアサン

一　カアサン
　　オハナシ　シマセウカ。
　　ムカシ　ムカシノ　オハナシヲ、
　　モモタラウサンノ　オハナシヲ。

二　カアサン
　　テツダヒ　シマセウカ。
　　ゴハンノ　オシタク　フキサウヂ、
　　トウサン　オカヘリ　マチマセウ。

16. 어머니

1 어머니
　이야기 해 드릴까요?
　옛날 옛적 이야기를
　모모타로 이야기를

2 어머니
　도와 드릴까요?
　식사준비와 걸레청소
　아버지 오시기를 기다려요

十七　オ正月

一　來イ　來イ
　　　オ正月、
　　オモチヲ　ツイテ
　　　　　マッテルヨ。

二　來イ　來イ
　　　オ正月、
　　カドマツ　立テテ
　　　　　マッテルヨ。

17. 설날

1 오너라 오너라

　　설날

떡을 해놓고

　　　기다린단다

2 오너라 오너라

　　설날

가도마쓰5 세우고

　　　기다린단다

---

5 **가도마쓰**(門松) : 정초에 대문 앞에 세워두는 소나무와 대나무 장식. 옛날 사람들은 나무의 가지에 신(神)이 머문다고 생각하였는데, 소나무는 일본에서도 생명력, 불로장수, 번영의 상징으로 여겨져 정월에 소나무에 장식하는 습관이 뿌리내리게 되었다. 특히 소나무장식은 '오곡을 지키는 신을 집에 맞아들이기 위한 의대(依り代, 신령이 나타나 머문다고 하는 나무)'라는 의미가 있어 정월에 복을 가져오는 신이 잘 찾을 수 있도록 대문 앞 좌우에 가도마쓰를 세워두게 되었다. 좌측의 가도마쓰를 '오마쓰', 우측의 가도마쓰를 '메마쓰'라고 하며, 대개 1월 7일까지 세워두는데, 이 기간을 마쓰노우치(松の內)라 한다.

十八　ユキ

一　チラ　チラ　チラ　チラ
　　　　大ユキ　小ユキ。
　　オテテヲ　ツナイデ
　　　　ワニナッテ、
　　白イ　花ビラ
　　　　オツムニ　ウケヨウ。

二　チラ　チラ　チラ　チラ
　　　　大ユキ　小ユキ。
　　ウデヲ　ノバセバ
　　　　アラワシダ、
　　白イ　バクダン
　　　　クグッテ　トバウ。

18. 눈

1 펄 펄 나풀 나풀
　　　　함박눈 싸락눈
손에 손을 마주잡고
　　　　동그랗게 둘러서서
하얀 꽃잎
　　　　머리에 받자꾸나

2 펄 펄 나풀 나풀
　　　　함박눈 싸락눈
팔을 뻗으니
　　　　전투기 모양이네
하얀 눈폭탄
　　　　뚫고 날자꾸나

十九　スズメ

一　アチラノ　ヤネデ
　　チュン　チュン　チュン
　　　　チュン　ナクヨ。
　　クチヲバ　アケテ
　　　　ゲンキヨク、
　　チュン　チュン　チュ
　　　　チュ　チュ　チュ　チュン
　　サヘヅルヨ。

二　コチラノ　ヤネデ
　　チュン　チュン　チュン
　　　　チュン　ナクヨ。
　　マケズニ　ナクヨ
　　　　ゲンキヨク、
　　チュン　チュン　チュ
　　　　チュ　チュ　チュ　チュン
　　サヘヅルヨ。

19. 참새

1 저쪽 지붕에서
  짹 짹 짹
      짹 짹 우네요
  부리를 벌리고
      힘차게
    짹 짹 째째
        째째 짹
  재잘거려요

2 이쪽 지붕에서
  짹 짹 짹
      짹 짹 우네요
  지지 않고 우네요
      힘차게
    짹 짹 째째
        째째 짹
  재잘거려요

二十　ヒカウキ

ヒカウキ、
ヒカウキ、
早イナ。
アヲイ　空ニ
ギンノ　ツバサ。
ヒカウキ、
ヒカウキ、
早イナ。

20. 비행기

비행기
비행기
빠르기도 하지요
파란 하늘에
은빛 날개
비행기
비행기
빠르기도 하지요

發行所

京城府大島町三十八番地

朝鮮書籍印刷株式會社

　　　　代表者　野世溪閑了

翻刻發行
兼印刷者

京城府大島町三十八番地

朝鮮書籍印刷株式會社

著作權所有

發行兼
著作者

朝鮮總督府

昭和十七年九月十五日翻刻發行
昭和十七年九月十二日翻刻印刷

定價金七十九錢

ウタノホン教一

일제강점기 조선총독부 편찬
초등학교 〈唱歌〉 교과서 대조번역 (下)

『ウタノホン』

ニネン

ウタノホン

ニ ネン

朝鮮總督府

『ウタノホン』ニネン
『노래책』 2학년

もくろく(목록)

	君が代	86
	기미가요	87
	紀元節	88
	기원절	89
一	春ガ來タ	92
	봄이 왔네	93
二	ワタシハ二年生	94
	나는 2학년	95
三	五月ノセック	96
	5월 단오	97
四	木ウヱ	98
	나무심기	99
五	軍カン	100
	군함	101
六	テツカブト	102
	철모	103
七	タナバタサマ	104
	칠석	105
八	花火	106
	불꽃놀이	107
九	オニゴッコ	108
	술래잡기	109
十	朝ノ歌	110
	아침의 노래	111
十一	ヱンソク	112
	소풍	113
十二	ウサギ	114
	토끼	115

十三	富士ノ山	116
	후지산	117
十四	菊ノ花	118
	국화꽃	119
十五	おもちゃの戦車	120
	장난감 전차	121
十六	羽根つき	122
	하네쓰키	123
十七	兵たいさん	124
	군인 아저씨	125
十八	たこあげ	126
	연날리기	127
十九	ひな祭	128
	히나마쓰리	129
二十	羽衣	132
	날개옷	133

君が代

君が代は、
ちよにやちよに、
さざれいしの、
巖となりて
こけのむすまで。

기미가요

천황의 성대는
천대만대에 걸쳐
조약돌이
바위가 되고
이끼가 낄 때까지

紀元節

第一章

雲に聳ゆる高千穂の　高根おろしに、草も、木も、
なびきふしけん大御世を　仰ぐ今日こそ樂しけれ。

第二章

海原なせる埴安の　池のおもより猶ひろき
めぐみの波に浴みし世を　仰ぐ今日こそ樂しけれ。

기원절[1]

제1장

구름에 솟아오른 다카치호[2]의 재넘어 부는 바람에 풀도 나무도
나부껴 엎드리는 천황의 치세를 우러르는 오늘이야말로
즐거워라

제2장

넓디 넓은 창해 하니야스[3]의 연못보다 더욱 드넓은
은혜의 물결로 뒤덮인 치세를 우러르는 오늘이야말로
즐거워라

1 **기원절**(紀元節) : 일본 건국을 기념하는 날. 메이지 신정부는 1872년(明治 5) 『고지키(古事記)』와 『니혼쇼키(日本書紀)』를 근거로 초대 진무천황(神武天皇)이 즉위한 날(1월 29일)을 축일로 제정하였다. 1873년에는 축일의 명칭을 '기원절(紀元節)'이라 하고, 그 날짜는 태양력으로 환산한 2월 11일로 정하였다. 근대 국민국가의 형성과정에서 진무천황 동정신화를 역사화함으로써, 일본이라는 국가공동체와 만세일계 황실의 정통성을 추구하였으며, 이후로도 황통의 동일선상에 있다는 관념을 형성하고자 하였다.
2 **다카치호**(高千穗) : 일본 황실(皇室)의 조상신인 히코호데미노미코토(彦火火出見尊)에서 진무천황(神武天皇)까지 三代의 전설상의 皇居
3 **하니야스의 연못**(埴安の池) : 나라현(奈良県) 가시와라시(橿原市) 아마노가구야먀(天香具山)의 서쪽 산기슭에 있는 연못

第三章

天津ひつぎの高みくら、　千代よろづよに動きなき
もとゐ定めしそのかみを　　仰ぐ今日こそ樂しけれ。

第四章

空にかがやく日のもとの　　萬の國にたぐひなき
國のみはしらたてし世を　　仰ぐ今日こそ樂しけれ。

제3장

하늘에서 정해져 이어온 천황의 옥좌, 천대만대 영원토
록 불변한
초석을 정하신 시조신을 우러르는 오늘이야말로 즐거워라

제4장

하늘에 빛나는 태양 아래 온 세상에 비할 데 없는
나라의 기둥을 세우신 치세를 우러르는 오늘이야말로
즐거워라

一　春ガ來タ

一　春ガ　來タ、
　　春ガ　來タ、
　　　　ドコニ　來タ。
　　山ニ　來タ、
　　里ニ　來タ、
　　　　野ニモ　來タ。

二　花ガ　咲ク、
　　花ガ　咲ク、
　　　　ドコニ　咲ク。
　　山ニ　咲ク、
　　里ニ　咲ク、
　　　　野ニモ　咲ク。

1. 봄이 왔네

1 봄이 왔네
　봄이 왔어
　　어디에 왔니?
　산에 왔어
　마을에 왔어
　　들에도 왔네

2 꽃이 피네
　꽃이 피어
　　어디에 피니?
　산에 피고
　마을에 피고
　　들에도 피네

二　ワタシハ二年生

一　ケフカラ　ワタシハ　二年生、
　　コトリモ　ニハデ　ウタッテル、
　　カハイイ　オトモ　ヤッテ　來タ、
　　ミンナデ　ナカヨク　アソバウヨ。

二　ケフカラ　ワタシハ　二年生、
　　オ日サマ　空デ　ワラッテル、
　　センセイノ　オカホモ　ニコニコダ
　　ミンナデ　ナカヨク　アソバウヨ。

2. 나는 2학년

1 오늘부터 나는 2학년
　작은 새도 교정에서 노래하고 있다
　귀여운 동생도 들어 왔다
　모두 함께 사이좋게 놀자

2 오늘부터 나는 2학년
　햇님이 하늘에서 웃고 있다
　선생님 얼굴도 싱글벙글
　모두 함께 사이좋게 놀자

三　五月ノセック

一　ケフハ　ウレシイ
　　　　五月ノ　セック、
　　立テテ　アリマス
　　　　コヒノボリ。
　　ボクハ　日本ダンジ　デス。

二　ケフハ　タノシイ
　　　　五月ノ　セック、
　　カザッテ　アリマス
　　　　ムシャニンギャウ。
　　ボクハ　日本ダンジ　デス。

3. 5월 단오

1 오늘은 즐거운
　　　5월 단오4
　세워 놓았어요,
　　　고이노보리5
　나는 일본 남아랍니다

2 오늘은 즐거운
　　　5월 단오
　장식해 놓았어요
　　　무사인형
　나는 일본 남아랍니다

---

4 **5월 단오**(五月ノセック) : 일본에서 5월 5일은 남자아이들의 명절이다. 이 날은 남성다운 용맹과 기상을 북돋아주기 위하여 무사와 관련된 인형과 천이나 종이로 만든 잉어모양의 고이노보리(鯉登り)를 마당에 내걸고 바람에 힘차게 날게 하여 남자아이의 건강과 입신출세를 기원하였다.

5 **고이노보리**(鯉のぼり) : 에도시대(江戸時代)부터 무가(武家)에서 전해 내려온 사내아이의 건강과 입신출세를 기원하는 풍습. 해마다 5월 5일(단오절)이 되면 각 가정에서 천 또는 종이로 만든 커다란 잉어를 장대에 높이 매달아 바람을 타고 힘차게 헤엄치게 한다.

四　木ウヱ

一　オ山ニ　オ山ニ
　　ナヘ木ヲ　ウヱタ
　　アカマツ　カラマツ
　　ハギ　クヌギ。
　　カッコウ　カッコウ、
　　ハレタ　空。

二　オ庭ニ　オ庭ニ
　　ナヘ木ヲ　ウヱタ。
　　モモノ木　クリノ木
　　ナツメノ木。
　　ピイヒョロ　ピイヒョロ
　　シロイ　雲。

4. 나무심기

1 산에 산에
  나무를 심었네
  적송 낙엽송
  싸리나무 상수리나무
  뻐꾹 뻐꾹
  맑게 개인 하늘[6]

2 마당에 마당에
  나무를 심었네
  복숭아나무 밤나무
  대추나무
  삐잇 효로로로 삐잇 효로로로[7]
  하이얀 구름

6 예로부터 아침에 뻐꾸기가 울면 날씨가 맑게 개인다는 속설이 있다.
7 소리개 울음소리

<h2 style="text-align:center">五　軍カン</h2>

一　行ケ　行ケ、軍カン、
　　　　日本ノ
　　國ノ　マハリハ、
　　　　ミンナ　海。
　　海ノ　大ナミ
　　　　コエテ　行ケ。

二　行ケ　行ケ、軍カン
　　　　日本ノ
　　國ノ　光ヲ
　　　　何千リ、
　　海ノ　ハテマデ
　　　　カガヤカセ。

5. 군함

1 나아가라 나아가 군함
　　　일본의
　　나라 주위는
　　　온통 바다
　　바다의 큰 파도
　　　넘어서 나아가라

2 나아가라 나아가 군함
　　　일본의
　　나라의 영광을
　　　수만 리
　　바다 끝까지
　　　빛나게 하라

六　テツカブト

一　茶色ノ　カブト
　　　　　テツカブト、
　カガヤク　ホシガ
　　　　　ツイテルヨ。
　カブッテ　ミタイ
　　　　　テツカブト。

二　テッパウノ　タマガ
　　　　　アタッテモ、
　ビクトモ　シナイ
　　　　　テツカブト。
　カブッテ　ミタイ
　　　　　テツカブト。

6. 철모

1 갈색 투구
　　　　철모
빛나는 별이
　　　붙어 있지요
써보고 싶어라
　　　철모

2 총알을
　　　　맞아도
꿈쩍도 않는
　　　철모
써보고 싶어라
　　　철모

七　タナバタサマ

一　ササノ　葉　サラサラ、
　　ノキバニ　ユレル
　　オ星サマ　キラキラ
　　キン　ギン　砂子

二　五シキノ　タンザク
　　ワタシガ　カイタ
　　オ星サマ　キラキラ、
　　空カラ　見テル。

7. 칠석

1 조릿대나무 잎들이 사각 사각
　처마 밑에서 흔들리네
　별님 반짝 반짝
　금가루 은가루

2 오색 단자쿠8에
　내 소원을 썼네
　별님 반짝 반짝
　하늘에서 보고 있네

8 **단자쿠(短冊)** : 붓으로 와카(和歌)나 하이쿠(俳句) 등을 쓰기 위한 두껍
　고 조붓한 종이. 일본에서는 칠석날 단자쿠에 소원을 써서 대나무에
　매달아 소원을 비는 풍습이 있다.

八　花火

　一　ドント　ナッタ
　　　花火　ダ、
　　　キレイ　ダナ
　　　空イッパイニ
　　　ヒロガッタ、
　　　シダレヤナギガ
　　　ヒロガッタ。

　二　ドン　トナッタ。9
　　　何百、
　　　赤イ　星、
　　　一ドニ　カハッテ、
　　　青イ　星、
　　　モード　カハッテ、
　　　金ノ　星。

9 ドント　ナッタ의 오자로 추정됨

8. 불꽃놀이

1 팡 터졌네
  불꽃놀이다
  참 예쁘네
  하늘 가득
  퍼졌네
  수양버들같이
  퍼졌네

2 팡 터졌네
  몇백 개
  빨간 별이
  일제히 변했네
  파란 별로
  또다시 변했네
  금빛별로

九　オニゴッコ

一　オニサン　キマッタ、
　　ミンナデ　ニゲロ。
　　カハラノ　方ヘ、
　　ドンドン　ニゲロ。

二　オニサン　早イ、
　　イソイデ　ニゲロ、
　　才山ノ　方ヘ、
　　ドンドン　ニゲロ。

三　ソラ　ツカマッタ、
　　コンドハ　ダレダ。
　　オニサン　早イ、
　　ドンドン　ニゲロ。

9. 술래잡기

1 술래가 정해졌다
　일제히 도망가자
　강변 쪽으로
　어서 빨리 도망가자

2 술래는 빠르다
　서둘러 도망가자
　산 쪽으로
　어서 빨리 도망가자

3 자 잡혔다
　이번엔 누구지?
　술래는 빠르다
　어서 빨리 도망가자

十　朝ノ歌

一　スズメガ　チュンチュン、
　　朝ノ　歌　歌フ。
　　ミナサン　オ早ウ、
　　ゴキゲン　イカガ、
　　キレイナ　オ水デ
　　オ顔ヲ　アラヒマセウ。

二　吹ク　風　ソヨソヨ、
　　朝ノ　歌　歌フ。
　　ミナサン　オ早ウ、
　　ゴキゲン　イカガ、
　　ナカヨク　ソロッテ
　　學校ヘ　マヰリマセウ。

10. 아침의 노래

1 참새가 짹짹
   아침 노래 부르네
   여러분 안녕
   기분은 어떠세요?
   깨끗한 물로
   세수합시다

2 부는 바람 살랑 살랑
   아침 노래 부르네
   여러분 안녕
   기분은 어떠세요?
   사이좋게 모두 함께
   학교 갑시다

十一　エンソク

一　空ハ　青空
　　日本バレ。
　　歌ヲ　歌ッテ
　　ノミチヲ　行ケバ
　　トビモ　ワヲ　カキ
　　ピイヒョロロ。

二　風ハ　ソヨカゼ
　　ミナミ風。
　　ヲカニ　ノボッテ
　　バンザイ　イヘバ
　　キシャノ　キテキガ
　　ポウト　ナル。

11. 소풍

1 하늘은 푸른 하늘
　화창한 날씨
　노래를 부르며
　들길을 가니
　솔개도 동그라미 그리며
　삐－잇 효로로

2 바람은 산들바람
　남쪽에서 부는 바람
　언덕 위에 올라가
　만세 부르니
　기차의 기적소리
　뽀－옥 울리네

十二　ウサギ

ウサギ、
　ウサギ、
ナニ　見テ
　ハネル。
十五夜
　オ月サマ、
見テ　ハネル。

12. 토끼

토끼님
　토끼님
무얼 보며
　뛰나요?
십오야
　보름달
보며 뛰지요

十三　富士ノ山

一　大昔カラ　雲ノ　上、
　　雪ヲ　イタダク　富士ノ　山
　　イクチマンノ　國ミンノ
　　心　キヨメタ　神ノ　山。

二　今、日本ニ　ダヅネ來ル10
　　ヨソノ　國人　アフグ　山。
　　イクマン年ノ　ノチマデモ、
　　世界　ダイ一　神ノ　山。

10　タヅネ來ル의 오자로 추정됨.

13. 후지산

1 오랜 옛날부터 구름 위
  눈을 받들고 있는 후지산
  수천만 국민의
  마음을 정결케 한 신의 산

2 지금 일본에 찾아오는
  외국인들도 우러르는 산
  수만 년 미래까지라도
  세계 제일의 신의 산

十四　菊ノ花

一　キレイナ　花ヨ、
　　　　菊ノ　花、
　　白ヤ　黄色ノ
　　　　菊ノ　花。

二　ケダカイ　花ヨ、
　　　　菊ノ　花、
　　アフグ　ゴモンノ
　　　　菊ノ　花。

三　日本ノ　秋ヲ
　　　　カザル　花、
　　キヨイ　カヲリノ
　　　　菊ノ　花。

14. 국화꽃

1 어여쁜 꽃이여
　　　국화꽃
　하양이나 노란색의
　　　국화꽃

2 고귀한 꽃이여
　　　국화꽃
　우러러 받드는 문장[11]의
　　　국화꽃

3 일본의 가을을
　　　꾸미는 꽃
　청아한 향기의
　　　국화꽃

---

11 **문장(紋章)** : 예로부터 일본에서는 가문이나 단체를 상징하는 문양인 문장이 있는데, 일본 천황가를 상징하는 문장은 국화문양이다. 여기서는 천황가의 정통성과 고귀함을 노래하고 있다.

十五　おもちゃの戦車

一　おもちゃの　戦車
　　すすめよ、すすめ。
　　つみ木の　ざんがう、
　　ずんずん　こえて、
　　ごうごう　がらがら、
　　すすめよ、すすめ。

二　おもちゃの　戦車、
　　走れよ、走れ。
　　しきゐの　クリーク、
　　へいきで　こえて、
　　ごうごう　がらがら、
　　走れよ、走れ。

15. 장난감 전차

1 장난감 전차(戰車)
전진하라 전진해
나무로 쌓아 만든 참호
거침없이 넘어서
우르릉 크르릉
전진하라 전진해

2 장난감 전차
달려라 달려
샛강삼은 문턱[12]
가볍게 넘어서
우르릉 크르릉
달려라 달려

12 방을 구분하는 문턱을 강이나 산 같은 장애물로 삼아서 탱크놀이를 하는 모습

十六　羽根つき

一　追羽根　小羽根、
　　　　小鳥に　なって、
　　　　　空まで　あがれ。
　　ひい、ふ、みい、よ、
　　　　いつつで　渡そ、
　　　　　花子さんに　渡そ。

二　追羽根　小羽根、
　　　　てふてふに　なって、
　　　　　ひらひら　まへよ。
　　ひい、ふ、みい、よ、
　　　　いつつで　渡せ、
　　　　　春枝さんに　渡せ。

16. 하네쓰키[13]

1 오이바네[14] 고바네[15]
작은 새가 되어
하늘까지 올라라
하나, 둘, 세엣, 넷
다섯에서 넘기세
하나코에게 넘기세

2 오이바네 고바네
나비가 되어
훨훨 날아라
하나, 둘, 세엣, 넷
다섯에서 넘겨라
하루에에게 넘겨라

---

13 **하네쓰키(羽根つき)** : 일본 전통놀이의 하나. 모감주 열매에 새의 깃을 꽂은 하네(羽根, 제기 비슷한 모양)를 탁구채와 비슷한 모양의 하고이타(羽子板)로 서로 마주서서 치는 놀이. 주로 설날에 여자아이들이 하는 배드민턴 비슷한 놀이를 말한다.
14 **오이바네(追羽根)** : 하네쓰키의 노는 법 중의 하나로 두 사람 이상이 한 개의 하네를 하고이타로 서로 치고 받는 놀이
15 **고바네(小羽根)** : 모감주 열매에 구멍을 뚫어 새의 깃을 몇 개 꽂은 것으로 하네쓰키 놀이에 사용되는 한국의 제기와 비슷한 깃털공

十七　兵たいさん

一　てっぽう　かついだ
　　兵たいさん、
　　足並　そろへて
　　あるいてる。
　　とっとこ　とっとこ
　　あるいてる。
　　兵たいさんは
　　勇ましい。

二　お馬に　乗った
　　兵たいさん、
　　砂を　けたてて
　　かけて　くる。
　　ぱっぱか　ぱっぱか
　　かけて　くる。
　　兵たいさんは
　　勇ましい。

17. 군인 아저씨

1 총을 둘러 멘
　군인 아저씨
　발을 맞추어
　걸어가고 있네
　뚜벅 뚜벅
　걸어가고 있네
　군인 아저씨는
　용감하지요

2 말에 올라 탄
　군인 아저씨
　모래먼지 일으키며
　달려오네
　따그닥 따그닥
　달려오네
　군인 아저씨는
　용감하지요

十八　たこあげ

一　ぶるんと　あがって
　　ちうがへり。
　　すうっと　あがって
　　いばってる。
　　わたしの　たこが
　　たいしゃうだ。

二　あたまを　ふりふり
　　風の　中。
　　天まで　ぐんぐん
　　のして　いく。
　　わたしの　たこが
　　たいしゃうだ。

18. 연날리기

1 부웅 올라서
  공중제비 돌고
  쑤욱 올라서
  뽐내고 있네
  내 연이
  대장이다

2 머리를 흔들 흔들
  바람을 타고
  하늘까지 쑥쑥
  뻗어가네
  내 연이
  대장이다

十九　ひな祭

一　ひな祭、
　　今日は　うれしい
　　ひな祭。
　　あられ　ひしもち
　　そなへませう。

二　だいり様、
　　ふたり　ならんで
　　上の　だん。
　　金の　びゃうぶに
　　ぎんの　だい。

19. 히나마쓰리

1 히나마쓰리[16]
  오늘은 즐거운
  히나마쓰리
  히나아라레[17]와 히시모치[18]
  바칩시다

2 천황내외분
  두 분을 나란히
  맨 윗단
  금병풍에
  은받침대

16 **히나마쓰리**(ひな祭) : 3월 3일은 '여자아이를 위한 어린이날'로, 이무렵
   복숭아꽃이 피는 까닭에 모모노셋쿠(桃の節句)라고도 한다. 이 날은 여
   자아이의 성장과 행복 그리고 건강을 기원하는 축제를 하는데, 천황가
   의 모습을 본뜬 히나인형(雛人形)을 계단형 장식대에 장식하는 풍습이
   있어 이를 '히나마쓰리'라고 한다.
17 **히나아라레**(雛あられ) : 3월 3일에 장식대에 차려 놓는 일본 전통과자.
   말린 찹쌀밥알이나 볶은콩에 설탕을 입히고, 빨강, 하양, 초록, 노랑
   등 여러가지 색으로 만든다.
18 **히시모치**(菱餅) : 3월 3일에 장식하는 마름모형떡. 주로 빨강, 하양, 녹
   색이 많지만 지방에 따라서 황색 등을 포함하여 5~7가지 색도 있다. 잘
   게 썰어 말린 찰떡으로 히나마쓰리 날에 히나인형 앞에 차려 놓는다.

三　おひな様
　五人ばやしに
　官女様
　にっこり　わらって
　いらっしゃる。

3 오히나님
  다섯 명의 악사에
  궁녀들
  빙그레 웃고
  계시네

二十　羽衣

一　白い　はまべの
　　　　　　松原に、
　　波が　よせたり、
　　　　かへしたり。

二　あまの　羽衣
　　　　ひらひらと、
　　天にょの　まひの
　　　　　　美しさ。

三　いつか　かすみに
　　　　つつまれて、
　　空に　ほんのり
　　　　富士の　山。

20. 날개옷

1 하얀 바닷가
　　　　　솔밭으로
파도가 밀려왔다
　　　　쓸려가네

2 하늘의 날개옷
　　　　하늘 하늘
선녀가 추는 춤의
　　　　　아름다움

3 어느새 안개에
　　　　둘러 쌓여
하늘로 희미하게 솟은
　　　　후지산

發　行　所

京城府大島町三十八番地

朝鮮書籍印刷株式會社

代表者　野世溪閑了

印刷兼
翻刻發行者

京城府大島町三十八番地

朝鮮書籍印刷株式會社

著作權所有

發行者
著作兼

朝鮮總督府

昭和十七年十月十五日翻刻發行
昭和十七年十月十二日翻刻印刷

定價金七十五錢

ウタノホン　敎二

孫

일제강점기 조선총독부 편찬

초등학교 〈唱歌〉 교과서 대조번역 (下)

『初等音樂』

第三學年

初等音樂

第三學年

朝鮮總督府

『初等音樂』第三學年
『초등음악』제3학년

もくろく(목록)

君が代 ·· 140
기미가요 ·· 141
勅語奉答 ·· 142
칙어봉답 ·· 143
天長節 ·· 144
천장절 ·· 145
明治節 ·· 146
메이지절 ·· 147
一月一日 ·· 150
1월 1일(설날) ·· 151
紀元節 ·· 154
기원절 ·· 155
一　春の小川 ·· 158
　　봄 시냇물 ·· 159
二　ポプラ ·· 160
　　포플러나무 ·· 161
三　天の岩屋 ·· 162
　　하늘 바위굴 ······································· 163
四　山の歌 ·· 164
　　산의 노래 ·· 165
五　田植 ··· 166
　　모내기 ·· 167
六　なはとび ··· 168
　　줄넘기 ·· 169
七　こども愛國班 ···································· 170
　　어린이 애국반 ···································· 171
八　軍犬利根 ·· 174
　　군견 도네 ·· 175

九	秋	176
	가을	177
十	稻刈	178
	벼베기	179
十一	村祭	180
	마을 축제	181
十二	野菊	184
	들국화	185
十三	田道間守	186
	다지마모리	187
十四	潛水艦	188
	잠수함	189
十五	餠つき	190
	떡방아	191
十六	軍旗	192
	군기	193
十七	手まり歌	194
	공치기 노래	195
十八	氷すべり	196
	스케이트	197
十九	ゐもん袋	198
	위문대	199
二十	梅の花	200
	매화꽃	201
二十一	さくらさくら	202
	벗꽃 벗꽃	203
二十二	三勇士	204
	삼용사	205

君が代

君が代は、
ちよにやちよに、
さざれ石の、
いはほとなりて、
こけのむすまで。

기미가요

천황의 성대는
천대만대에 걸쳐
조약돌이
바위가 되고
이끼가 낄 때까지

勅語奉答

あやにかしこき　すめらぎの、
あやにたふとき　すめらぎの、
あやにたふとく、かしこくも、
下したまへり、大みこと。
これぞめでたき　日の本の
國の教の　もとゐなる。
これぞめでたき　日の本の
人の教の　かがみなる。
あやにかしこき　すめらぎの
みことのままに　いそしみて、
あやにたふとき　すめらぎの
大御心に　答へまつらん。

칙어봉답

비할 데 없이 황공한 천황폐하의
비할 데 없이 고귀하신 천황폐하의
한없이 존귀하고 황공하옵게도
하사하신 대칙어[1]
이야말로 경하스런 대일본의
국민교화의 근간이어라
이야말로 경하스런 대일본의
인간교육의 귀감이어라
한없이 황공스런 천황폐하의
칙어의 말씀대로 노력하여
한없이 고귀한 천황폐하의
크신 성은에 보답하리라

1 대칙어(大勅語) : 1890년 메이지 천황이 발포한 교육칙어(教育勅語)를
의미함

天長節

今日のよき日は、大君の
うまれたまひし　よき日なり。
今日のよき日は、みひかりの
さし出たまひし　よき日なり。
ひかりあまねき　君が代を
いはへ、もろ人　もろともに。
めぐみあまねき　君が代を
いはへ、もろ人　もろともに。

천장절[2]

오늘같이 좋은 날은 천황폐하가
이 세상에 탄생하신 좋은 날이라
오늘같이 좋은 날은 서광이
비추기 시작하는 좋은 날이라
온누리에 비치는 천황 치세를
경축하라 모든 이여 모두 다함께
온누리에 미친 은혜 천황 치세를
경축하라 모든 이여 모두 다함께

2 **천장절**(天長節) : 1870년 메이지 정부가 9개의 축일을 제정한 데서 비롯되며, 1945년 패전 이전까지 천황의 탄생일을 기념하는 명절로 지켜졌다. 메이지(明治) 천황 재위시에는 11월 3일로 지켜졌으며, 쇼와(昭和)천황 재위시에는 4월 29일로 지켜졌다. 패전 이후 '천장절'은 1948년 공포하여 시행된 축일법에 의하여 '천황탄생일(天皇誕生日)'로 개칭되었다. 메이지 천황 탄생일이었던 11월 3은 현재 '문화의 날'로 지정되어 문화훈장의 수여, 예술제, 국민체육대회 등 국가적 행사가 이 날을 중심으로 펼쳐진다. 한편 쇼와 천황의 생일인 4월 29일은 1948년 이후 '천황탄생일'로 지켜오다가 1989년 쇼와 천황 사망 이후에는 그가 자연을 사랑했던 것을 기려 이 날을 '녹색(みどり)의 날'로 지정했다.(2000.5.12) 이후 참의원 본회의에서 가결된(2005.5.13) 〈개정축일법〉에 의하여 2007년부터는 5월 4일로 변경되었다. 그리고 1989년(平成 원년)에 제정된 현재의 천황 아키히토(明人)의 탄생일을 기념한 '천황탄생일'은 12월 23일이다.

明治節

一　アジヤの東日出づるところ、
　　ひじりの君のあらはれまして、
　　古きあめつちとざせるきりを、
　　大御光にくまなくはらひ、
　　教あまねく、道明らけく、
　　治めたまへる御代たふと。

二　めぐみの波はやしまにあまり、
　　みいつの風はうな原こえて、
　　神のよさせるみわざをひろめ、
　　民のさかゆく力をのばし、
　　とつ國國のふみにも、しるく
　　とどめたまへる御名かしこ。

메이지절[3]

1 아시아의 동쪽 해 뜨는 곳
  현인신[4] 천황이 나타나시어
  오랫동안 천지를 가린 안개를
  거룩한 빛으로 구석구석 비추어
  가르침 온 땅에 도를 밝히시어
  다스리신 천황의 치세 존엄하여라

2 은혜의 물결은 온 일본에 넘치고
  천황 위광의 은혜는 사해에 넘쳐서
  모든 이가 의지하는 신의 위업을 넓히고
  만백성이 번성해 가는 힘을 펼쳐
  다른 나라들의 역사에도 기록되어
  남겨지는 그 이름 황공하여라

3 **메이지절**(明治節) : 1927년 메이지 천황(明治天皇)의 유덕을 기리고 동북아 패권을 주도하였던 메이지시대(明治時代)를 추모할 목적으로 제정되었다. 이 날은 궁중에서도 제의(祭儀)와 연회(宴会)가 행해졌다. 패전 후 폐지되었다가 1948년 '문화의 날(文化の日)'로 바꾸어 현재에도 계승되고 있다.

4 **현인신**(現人神) : 인간의 모습으로 이 세상에 나타난 神을 말하는데, 1889년 발포한 대일본제국헌법 제1조에 "천황은 현인신이다."고 기록된 바 '현인신'이란 일본 천황을 지칭한다.

三　秋の空すみ　菊の香高き、
　　今日のよき日を皆ことほぎて、
　　定めましけるみのりをあがめ、
　　さとしましけるみことを守り、
　　代代木の森の代代とこしへに
　　仰ぎまつらん、大みかど。

3 가을하늘 청명하고 국화향기 드높은데
  오늘같이 좋은 날을 모두 축복하고
  정해진 제국헌법5을 숭상하여
  깨달음 주시는 칙어6를 준수하여
  요요기숲7이 세세에 영원토록
  받들어 모시자 메이지 천황을!

5 **제국헌법**(帝國憲法) : 1889년 2월 11일 발포된 대일본제국헌법(大日本帝國憲法)을 말한다. 현행의 일본국헌법(신헌법)과 대비해서 구헌법(旧憲法)이라고 부른다.
6 **교육칙어**(敎育勅語) : 1890년 10월 31일 메이지 천황에 의해 반포된 메이지 신정부의 교육방침. 역대 천황이 국가와 도덕을 확립하였음을 언급하며, "국민의 충효심이 '국체의 정화'이자 '교육의 기원'이다."고 규정하고 있다. 부모에게 효행, 부부의 조화, 형제 간의 우애, 학문의 중요함, 준법정신 등등 12가지의 덕목이 명기되어 있으며, 이를 지키는 것이 국민의 전통임을 강조하고 있다. 패전 이후 1948년 6월 19일 폐지되었다.
7 **요요기숲**(代々木) : 메이지신궁(明治神宮) 부근의 숲. 여기서는 메이지신궁(明治神宮) 또는 메이지 천황(明治天皇)을 의미하기도 함

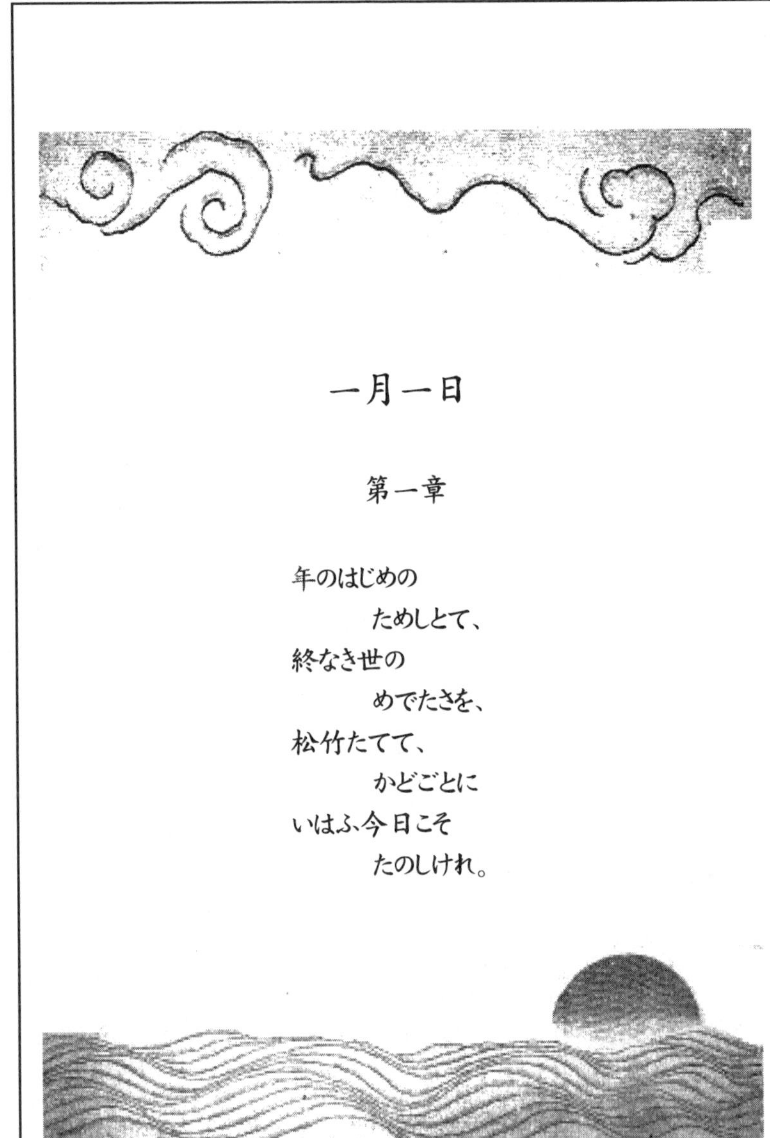

一月一日

第一章

年のはじめの
　　　ためしとて、
終なき世の
　　　めでたきを、
松竹たてて、
　　　かどごとに
いはふ今日こそ
　　　たのしけれ。

1월 1일(설날)

제1장

한해 시작하는
징표
무궁한 치세의
경사를
가도마쓰 세우네
집집마다
축하하는 오늘이야
즐겨나 보세

第二章

初日のひかり
　　　さしいでて、
よもにかがやく
　　　今朝のそら、
君がみかげに
　　　たぐへつつ
仰ぎ見るこそ
　　　たふとけれ。

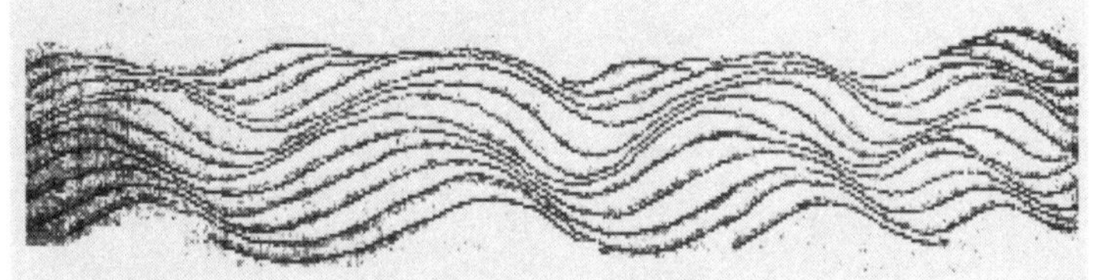

제2장

새해 아침 햇살
　　　내리비치고
천지에 빛나는
　　　새해 아침 하늘
폐하의 은덕에
　　　비할 바 없네
우러러 볼 수록
　　　거룩하여라

紀元節

第一章

雲にそびゆる高千穂の
高根おろしに、草も、木も、
なびきふしけん大御世を
仰ぐ今日こそ樂しけれ。

第二章

うな原なせるはにやすの
池のおもよりなほひろき
めぐみの波にあみし世を
仰ぐ今日こそ樂しけれ。

기원절

제1장

구름에 솟아오른 다카치호의
재 넘어 부는 바람에 풀도 나무도
나부껴 엎드리는 천황의 치세를
우러르는 오늘이야말로 즐거워라

제2장

넓디 넓은 창해 하니야스의
연못보다 더욱 드넓은
은혜의 물결로 뒤덮인 치세를
우러르는 오늘이야말로 즐거워라

第三章
あまつひつぎの高みくら、
千代よろづよに動きなき
もとゐ定めしそのかみを
仰ぐ今日こそ樂しけれ。

第四章
空にかがやく日のもとの、
よろづの國にたぐひなき
國のみはしらたてし世を
仰ぐ今日こそ樂しけれ。

제3장

하늘에서 정해져 이어온 천황의 옥좌
천대만대 영원토록 불변한
근간을 정하신 시조신을
우러르는 오늘이야말로 즐거워라

제4장

하늘에 빛나는 태양 아래
온 세상에 비할 데 없는
나라의 기둥을 세우신 치세를
우러르는 오늘이야말로 즐거워라

一　春の小川

一　春の小川は、さらさら行くよ。
　　岸のすみれや、れんげの花に、
　　すがたやさしく、色うつくしく
　　咲いてゐるねと、ささやきながら。

二　春の小川は、さらさら行くよ。
　　えびやめだかや、小ぶなのむれに、
　　今日も一日、ひなたでおよぎ、
　　遊べ遊べと、ささやきながら。

1. 봄 시냇물

1 봄의 시냇물은 졸졸 흐른다
  기슭의 제비꽃이나 연꽃에게
  향기롭고 아름다운 빛깔로
  피어라 피어라 속삭이듯이

2 봄의 시냇물은 졸졸 흐른다
  새우랑 송사리랑 작은 붕어 떼에게
  오늘도 온종일 햇볕에 나와
  놀아라 놀아라 속삭이듯이

二　ポプラ

一　青い空まで、
　　のびあがらうと、
　　ポプラはのびる。
　　めも葉ものびる。

二　風がふくたび、
　　ささやきあって、
　　たのしくのびる。
　　天までのびる。

2. 포플러나무

1 푸른 하늘까지
　올라가려고
　포플러는 자랐네
　눈도 잎도 자랐네

2 바람이 불 때마다
　산들 산들 속삭이며
　즐겁게 자랐네
　하늘까지 자랐네

三　天(あめ)の岩屋

一　さか木の枝にかけませう。
　　鏡と玉をかけませう。
　　　　ああ、神の代の岩戸前。

二　長鳴きどりを鳴かせませう。
　　かぐらのまひをまひませう。
　　　　ああ、おもしろい、おもしろい。

三　岩戸がさっとあきました。
　　かがやきわたるおすがたは、
　　　　ああ、天照大神(あまてらすおほみかみ)。

3. 하늘 바위굴

1 비쭈기나무8 가지에 걸어놓자
   거울과 구슬을 걸어놓자
       아- 신대의 바위굴 문 앞에

2 장닭을 울게 하자
   가구라9에 맞춰 춤을 추자
       아- 즐거워라 즐거워

3 바위굴 문이 활짝 열렸습니다
   온 천지에 빛나는 모습은
       아- 아마테라스오미카미10

---

8 **비쭈기나무**(榊) : 神에게 바치는 상록수라 하여 예로부터 신사(神社)의 경내에 심는 나무로 알려져 있다.

9 **가구라**(神樂) : 神에게 제사 올릴 때 연주하는 무악(舞樂)을 말함

10 **아마테라스오미카미**(天照大神) : 일본 신화에 등장하는 여신. '하늘에서 비추어 밝힌다'는 뜻의 '아마테라스'는 태양신(太陽神)이자 일본 황실의 조상신(祖神), 즉 일본 신도(神道)의 주신(主神)이다. 태양을 관장하였으므로 神들을 통치하는 최고의 神으로, 이세신궁(伊勢神宮)에 모셔져 있다.

四　山の歌

一　とぶよ、とぶよ、白雲。
　　そよぐ、そよぐ、木々の葉。
　　山の朝だ、夜あけだ。
　　わらぢしめて、さ、のぼれ。

二　鳴くよ、鳴くよ、こま鳥。
　　吹くよ、吹くよ、そよ風。
　　山の朝だ、夜あけだ。
　　みねをさして、さ、のぼれ。

4. 산의 노래

1 둥실 둥실 흰구름
  산들 산들 나뭇잎
  산의 아침이다 날이 밝았다
  짚신을 조여메고, 자— 올라가세

2 울어라 울어라 울새야
  불어라 불어라 산들바람
  산의 아침이다 날이 밝았다
  봉우리를 향해서, 자— 올라가세

五　田植(うゑ)

一　そろた、出そろた、
　　さなへが　そろた。
　　植ゑよう、植ゑましょ、
　　み國のために。
　　　米はたからだ、たからの草を、
　　　植ゑりゃ　こがねの花が咲く。

二　そろた、出そろた、
　　植ゑ手も　そろた。
　　植ゑよう、植ゑましょ、
　　み國のために。
　　　ことしゃほう年、穗(ほ)に穗が咲いて、
　　　みちの小草も　米がなる。

5. 모내기

1 준비되었네 모두 준비되었네
  모가 준비되었네
  심으세 심어 보세
  나라를 위해
    쌀은 보배로세 보배인 모를
    심으면 황금꽃이 피겠네

2 준비되었네 모두 준비되었네
  일손도 모였네
  심으세 심어 보세
  나라를 위해
    올해는 풍년 이삭에 이삭이 피어
    길가의 작은 풀에도 쌀이 열렸네

六　なはとび

一　一つとんで、またとんで、
　　三つめも　とべたなら、
　　お次の番に　かはりませう。

二　高くとんで、またとんで、
　　三つめは　うしろむき、
　　くるりととんで、かはりませう。

三　一ととんで、二ととんで、
　　三ととぶ　とび上手、
　　十までとんで、かはりませう。

6. 줄넘기

1 한 번 뛰고 또 뛰고
  세 번까지 뛰었으니
  다음 차례로 바꾸세

2 높이 뛰고 또 뛰고
  세 번째는 뒤쪽으로
  빙그르 돌아 뛰고 바꾸세

3 하나에 뛰고 둘에 뛰고
  셋에 뛰니 줄넘기선수
  열까지 뛰고 바꾸세

七　こども愛國班(あいこくはん)

一　太鼓(たいこ)がなるよ丘(をか)の上。
　　集れ　こども愛國班。
　　朝日の光あびながら、
　　宮城遙拜(えうはい)致(いた)しませう。

二　日の丸あげた町の辻(つじ)。
　　集れ　こども愛國班。
　　今日は大詔奉戴(たいせうほうたい)日、
　　鐵くづあつめを致しませう。

7. 어린이 애국반

1 큰북이 울리네 언덕 위
　모여라 어린이 애국반
　아침 햇살 받으며
　궁성요배[11]하세

2 일장기 게양된 마을 사거리
　모여라 어린이 애국반
　오늘은 대조봉대일[12]
　고철 모으기를 하세

11 **궁성요배**(宮城遙拜) : 일본 천황의 황궁이 있는 쪽을 향하여 요배(절)하
　는 행위. 궁성요배는 일본인 뿐만 아니라 일본이 지배하던 식민지에서도
　행해졌는데, 일제 말기에 이르러 더욱 엄격히 시행되었다. 조선에서도
　황궁이 있는 동쪽을 향하여 절하는 동방요배(東方遙拜)가 강제되었다.

12 **대조봉대일**(大詔奉戴日) : 태평양전쟁이 발발하자 1939년 9월부터 매월
　1일에 행해졌던 흥아봉공일(興亞奉公日)을 폐지하고, 1942년 1월 8일
　부터 매월 8일을 '대조봉대일'로 정하고 거국적인 국민운동으로 시행하
　였다. 이 날은 일제히 국기게양, 기미가요 취주(吹奏), 궁성요배(宮城遙
　拜), 칙어(勅語)봉독 등을 실시하였고, 학교에서는 천황의 사진(御眞影)
　에 절을 하거나 행진 등을 실시하였다.

三　ラッパがなるよ松林。
　　集れ　こども愛國班。
　　むかふの丘(をか)の學校へ、
　　そろって急ぐ露(つゆ)の道。

3 나팔이 울리네 솔밭
   모여라 어린이 애국반
   건너편 언덕 학교로
   모여서 서두르는 이슬길

八　軍犬利根(とね)

一　行けとの命令、まつしぐら。
　　かはいい軍犬、まつしぐら。
　　　　カタカタ　カタカタ　カタカタ
　　　　ダン　ダン　ダン、彈の中。

二　あの犬、うてうて、うちまくれ。
　　のがすな、のがすな、うちまくれ。
　　　　カタカタ　カタカタ　カタカタ、
　　　　ダン　ダン　ダン、敵の彈。

三　よし來い、よし來い、利根來い來い。
　　わたしだ、わたしだ、利根來い來い。
　　　　カタカタ　カタカタ　カタカタ、
　　　　ダン　ダン　ダン、彈の中。

8. 군견 도네

1 가라는 명령에 쏜살같이
   사랑스런 군견 쏜살같이
       따따따따 따따따따 따따따따
       탕 탕 탕 빗발치는 탄환 속

2 저 개, 쏴라 쏴 마구 쏘아라
   놓치지 마라 놓치지 마, 마구 쏘아라
       따따따따 따따따따 따따따따
       탕 탕 탕 빗발치는 적의 탄환

3 옳지 와라, 어서 와 도네(利根)야 와라 와
   나야 한편이야, 도네야 어서 와
       따따따따 따따따따 따따따따
       탕 탕 탕 빗발치는 탄환 속

九　秋

一　ちんちろ　松虫、
　　虫の聲、
　　庭の畠で
　　鳴きました。

二　ぎんぎら　葉の露、
　　草の露、
　　月の光が
　　ぬれました。

三　とろとろ　もえる火、
　　ゐろりの火、
　　栗がはぜます、
　　にほひます。

9. 가을

1 귀뚤 귀뚤 귀뚜라미
   귀뚜라미소리
   마당 텃밭에서
   울었습니다

2 반짝 반짝 나뭇잎 이슬
   풀잎 이슬
   달빛에
   젖었습니다

3 타닥 타닥 타는 불
   이로리[13]의 불
   밤이 터집니다
   군밤냄새가 납니다

---

13 **이로리**(囲炉裏) : 일본 전통의 난방장치. 방바닥의 일부를 네모나게 잘
라 내고, 그 곳에 재를 깔고 열기구를 장치하여 취사용이나 난방용으
로 사용하였다.

十　稲刈(いねかり)

一　がんが渡るぞ、青空を。
さあさ、刈り取れ、
みのりの秋だ。
たれる稲穂(いなほ)は、こがね色。

二　歌が流れる、そよ風に。
さあさ、刈り取れ、
みのりの秋だ。
はずむ利鎌(とがま)に日が光る。

三　胸がをどるぞ、喜びに。
さあさ、刈り取れ、
稲刈りあげて、
米のたわらを山とつめ。

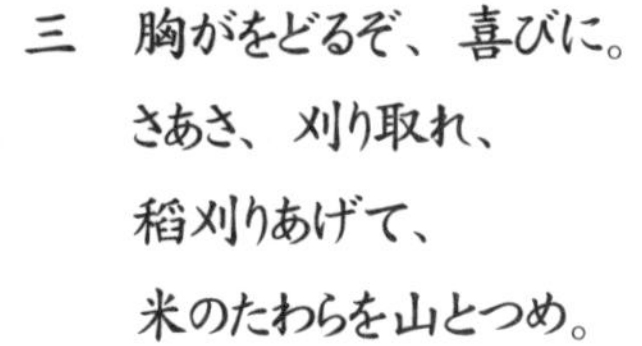

10. 벼베기

1 기러기가 날아오네 푸른 하늘을
　어서 어서 벼를 베세
　결실의 가을이다
　고개 숙인 벼이삭은 황금물결

2 노래가 절로 나오네 산들바람에
　어서 어서 벼를 베세
　결실의 가을이다
　날렵한 낫질에 햇빛이 번쩍이네

3 가슴이 벅차구나 기쁨으로
　어서 어서 벼를 베세
　벼베기를 끝내서
　볏섬을 산처럼 쌓으세

十一　村祭

一　村のちんじゅの神様の、
　　今日は、めでたいお祭日。
　　　どんどんひゃらら、
　　　どんひゃらら、
　　　どんどんひゃらら、
　　　どんひゃらら、
　　朝から聞える笛たいこ。

二　としも豐年滿作で、
　　村はそう出の大祭。
　　　どんどんひゃらら、
　　　どんひゃらら、
　　　どんどんひゃらら、
　　　どんひゃらら、
　　夜までにぎはふ宮の森。

11. 마을 축제

1 마을을 지키는 수호신의
  오늘은 경사스런 축제일
     두둥 삐리리
     두둥 삐리리
     두둥 삐리리
     두둥 삐리리
  아침부터 들리는 피리소리 북소리

2 올해도 풍년 풍작으로
  마을사람 모두 모인 큰 축제
     두둥 삐리리
     두둥 삐리리
     두둥 삐리리
     두둥 삐리리
  저녁까지 활기찬 신사의 숲

三　治る御代に、神様の
　　恵みたたへる村祭。
　　　　どんどんひゃらら、
　　　　どんひゃらら、
　　　　どんどんひゃらら、
　　　　どんひゃらら、
　　聞いても心が勇みたつ。

3 평화로운 천황 치세에 신의
은혜를 칭송하세 마을 축제
두둥 삐리리
두둥 삐리리
두둥 삐리리
두둥 삐리리
듣기만 해도 마음이 용솟음치네

十二　野菊

一　遠い山から吹いて來る
　　こ寒い風にゆれながら、
　　けだかく、きよくにほふ花。
　　　きれいな野菊、
　　　うすむらさきよ。

二　秋の日ざしをあびてとぶ
　　とんぼをかろく休ませて、
　　しづかに咲いた野べの花。
　　　やさしい野菊、
　　　うすむらさきよ。

三　しもがおりてもまけないで、
　　野原や山にむれて咲き、
　　秋のなごりををしむ花。
　　　あかるい野菊、
　　　うすむらさきよ。

12. 들국화

1 먼 산에서 불어오는
  쌀쌀한 바람에 흔들리면서
  고귀하고 청아한 향기로운 꽃
    아름다운 들국화
    연보라빛이여

2 가을 햇살 받으며 날아다니는
  잠자리를 편히 쉬게 하는
  살며시 핀 들판의 꽃
    포근한 들국화
    연보라빛이여

3 서리가 내려도 꿋꿋하게
  들판과 산에 무리지어 핀
  가을 끝을 아쉬워하는 꽃
    밝고 환한 들국화
    연보라빛이여

十三　田道間守(たぢまもり)

一　かをりも高いたちばなを、
　　積んだお船がいま歸る。
　　君の仰せをかしこみて、
　　萬里(ばんり)の海をまっしぐら、
　　いま歸る、田道間守、田道間守。

二　おはさぬ君のみささぎに、
　　泣いて歸らぬまごころよ。
　　遠い國から積んで來た
　　花たちばなの香(か)とともに、
　　名はかをる、田道間守、田道間守。

13. 다지마모리

1 향기도 드높은 홍귤나무를
  실은 배가 이제야 돌아오네
  천황의 분부 삼가 받들어
  수만 리 바닷길을 쏜살같이 달려
  이제야 돌아오네 다지마모리[14] 다지마모리

2 돌아가신 천황의 능에서
  울어도 소용없는 성심이여
  머나 먼 곳에서 실어온
  홍귤나무꽃 향기와 함께
  이름도 향기롭다 다지마모리 다지마모리

14 **다지마모리**(田道間守) : 『고사기(古事記)』와 『일본서기(日本書紀)』에 수록되어 전해오는 전설상의 인물. 도래인 계통(渡來系)인 미야케 노무라지(三宅連) 등의 조상이라고 전해지며, 다지마모리(多遲摩毛理)라 표기하기도 함. 11대 스이닌(垂仁)천황의 명을 받은 다지마모리가 홍귤나무를 구하러 도코요(常世國)에 갔다가 10년 만에 돌아와 보니 천황이 이미 사망한 이후였던지라 구해 온 홍귤(香菓)을 천황의 능에 바치고 그 옆에서 슬피 울며 순사(殉死)했다는 인물이다.

十四　潜水(せんすゐ)艦

一　魚雷かかへて、
　　しぶきをあげて、
　　もぐる海底(かいてい)わが天下。

二　立てて見はった
　　潜望鏡(せんぼうきやう)に、
　　光る黒しほ、敵のふね。

三　海の城(しろ)だと
　　いばってゐても、
　　波の底からねらひうち。

14. 잠수함

1 어뢰를 품고
  물보라를 일으키며
  잠수하는 바닷속 우리들 천하

2 곧추세워 망보는
  잠망경에
  반짝이는 구로시오[15]의 적 함대

3 바다의 성이라며
  으스대고 있어도
  파도 밑에서 겨누어 쏜다

15 **구로시오**(黑潮) : 북태평양의 서부, 일본 열도 남안을 따라 흐르는 태평
  양 최대의 해류, 북적도 해류의 연장에 있는 난류이다. 투명하고 진한
  남색을 띤 구로시오(黑潮)의 폭은 100킬로미터에 유속은 초당 1.5미터
  정도이다.

十五　餅つき

一　ぺったん、ぺったん、お餅つき、
　　つく人、のす人、ふかす人、
　　みんなではたらくお餅つき、
　　こな雪さらさら降ってゐて。

二　ぺったん、ぺったん、お餅つき、
　　きれいなお餅ができました。
　　みんなでにこにこお餅つき、
　　もうすぐ樂しいお正月。

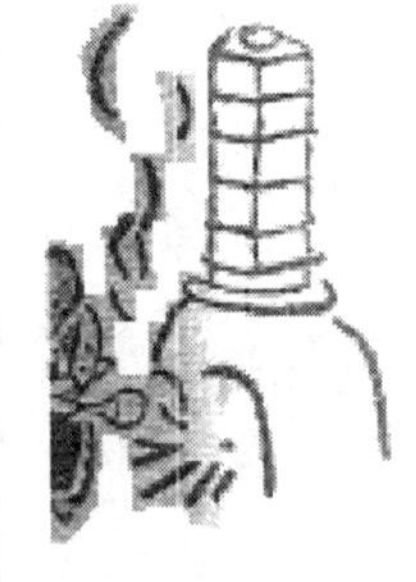

15. 떡방아

1 쿵더쿵 쿵더쿵 떡방아
  치는 사람 미는 사람 찌는 사람
  모두 함께 떡방아 찧기
  싸락눈 사락 사락 내리고 있네

2 쿵더쿵 쿵더쿵 떡방아
  어여쁜 떡이 만들어졌네
  모두 함께 싱글벙글 떡방아 찧기
  머잖아 즐거운 설날이라네

十六　軍旗

一　軍旗、軍旗、
　　天皇陛下の
　　みてづから、
　　　お授けくださる尊い軍旗、
　　　わが陸軍のしるしの軍旗。

二　軍旗、軍旗、
　　天皇陛下の
　　おことばを、
　　　心にきざんでみ國を守る、
　　　わが陸軍のいのちの軍旗。

16. 군기

1 군기, 군기
  천황폐하가
  친히
    하사하신 존엄한 군기
    우리 육군의 상징인 군기

2 군기, 군기
  천황폐하의
  말씀을
    마음에 새기고 황국을 지키네
    우리 육군의 생명인 군기

十七　手まり歌

一　てんてんてん、
　　天神さまのお祭で、
　　てんてん手まりを買ひました。
　　てんてん手まりはどこでつく。
　　梅のお花の下でつく、
　　　　下でつく。

二　てんてんてん、
　　天神さまの石段は、
　　だんだんかぞへていくつある。
　　だんだんかぞへて二十段。
　　段の數ほどつきませう、
　　　　つきませう。

17. 공치기 노래

1 통 통 통
　천신님의 축제에서
　통 통 공[16]을 샀어요
　통 통 공은 어디서 치나요?
　매화나무꽃 아래서 치지요
　　　　　　아래서 치지요

2 통 통 통
　천신님의 돌계단은
　한 단 한 단 세어보면 몇이나 될까요?
　한 단 한 단 세어서 이십 계단
　계단 수만큼 쳐 보아요
　　　　　　쳐 보아요

---

16 **공(데마리, 手まり)** : 원래의 '데마리'는 실을 감아 만든 공이었는데, 태평양전쟁시기 고무산업의 확산에 힘입어 고무공으로 발전하게 되었다.

十八　氷すべり

一　すべれよ、すべれ、
　　汽車より早く。
　　追ひこせ、追ひこせ、
　　元氣よく。
　　こほったさか道、銀の道、
　　冬の日ざしも
　　すべってる。

二　まはれよ、まはれ、
　　とんびのやうに。
　　後に、前に、
　　おもしろく。
　　こほったたんぼは、銀の海、
　　空は青空
　　まっさをだ。

18. 스케이트

1 스케이트 타요 스케이트 타
  기차보다 빨리
  앞지르자 앞질러
  기세좋게
  얼어있는 비탈길 은빛길
  겨울 햇살도
  미끄러지누나

2 돌아요 돌아요
  소리개처럼
  앞으로 뒤로
  재미있게
  얼어 있는 논은 은빛 바다
  하늘은 푸른 하늘
  새파랗구나

十九　ゐもん袋(ぶくろ)

一　み國の土の香をこめた
　　ゐもん袋を送りませう。
　　やなぎのパイプ　紙風船、
　　すみれの花も
　　入れました。

二　みんなで書いた大アジヤ
　　飛行すごろく送りませう。
　　ゐもんの手紙　紙しばゐ、
　　繪本もそへて
　　入れました。

19. 위문대

1 황국의 흙 냄새를 담은
  위문대를 보냅시다
  버드나무파이프 종이풍선
  제비꽃도
  넣었습니다

2 모두 함께 쓴 '대아시아(大亞細亞)'
  비행기판 주사위[17] 보냅시다
  위문편지 그림연극
  그림책도 곁들여
  넣었습니다

17 **비행기판 주사위**(飛行すごろく) : 말판의 말(馬)을 비행기로 사용한 주사위 놀이

二十　梅の花

一　學校がへりに、近道を
　　通って來れば、どこからか、
　　ほんのりにほふ梅の花。

二　見れば、ちらほら枝さきに、
　　にほひもきよく咲きそめた
　　明かるく白い梅の花。

20. 매화꽃

1 하교길에 지름길을
  지나오니 어디선가
  아련하게 향기 나는 매화꽃

2 쳐다보니 드문 드문 가지 끝에
  향기도 청아하게 피기 시작한
  밝고 새하얀 매화꽃

二十一　さくらさくら

さくら　さくら、
　　野山も、里も、
　　　見わたす　かぎり、
　　　　かすみか、雲か、
　　　　　朝日に　にほふ。
　　　　さくら　さくら、
　　　　　花ざかり。

21. 벚꽃 벚꽃

벚꽃 벚꽃
산과 들에도 마을에도
보이는 것은 온통
안개인지 구름인지
아침 햇살에 향기나는
벚꽃 벚꽃
벚꽃이 한창이라네

二十二　三勇士

一　大君のため、
　　國のため、
　　わらってたった
　　三勇士。

二　鐵條網も、
　　トーチカも、
　　なんのものかは、
　　破壊筒(はくわいとう)。

三　その身は玉と
　　くだけても、
　　ほまれは殘る、
　　廟巷鎭(べうかうちん)。

22. 삼용사

1 천황을 위해
  나라를 위해
  웃으며 출전했네
  삼용사

2 철조망도
  토치카[18]도
  거칠게 무엇이냐
  폭약통[19]

3 몸은 이슬로
  산화되어도
  명예는 남았네
  묘항진[20]

18 **토치카**(トーチカ) : 군사용어로 철근 콘크리트 따위로 견고하게 구축한 방어진지를 말함. 내부에는 중화기와 관측장비를 갖추고 있으며, 보통 5, 6명의 병사가 배치된다.

19 **폭약통**(破壞筒) : 방갈로르 폭약통(Bangalore torpedo)의 약자로 전장에서 지뢰나 철조망 등의 장애물을 폭파 철거하는데 사용하는 공병의 병기이다. 1912년 영국군 공병이 발견하여 현대에도 개량되어 사용되었는데 일본에서는 1932년 폭탄 삼용사의 일화에 사용된 무기로 잘 알려졌다.

20 **묘항진**(廟巷鎭) : 상해(上海) 근교의 지역으로 이 부근은 샛강이 많아 군사적 요충지를 형성하고 있다. 중일전쟁 당시 죽음을 무릅쓰고 폭약통을 메고 철조망을 뚫어 일본의 돌격로를 만들어 낸 3명의 공병이야기를 담고 있어 유명해진 지역이다.

發行所　朝鮮書籍印刷株式會社
京城府大島町三十八番地

代表者　野世溪閑了

印刷者
翻刻發行　朝鮮書籍印刷株式會社
京城府大島町三十八番地

著作權所有

發行者　著作
翻刻發行　朝鮮總督府

昭和十八年三月三十一日翻刻發行
昭和十八年三月二十六日翻刻印刷

定價金十四錢

初等音樂三年　終

일제강점기 조선총독부 편찬
초등학교 〈唱歌〉 교과서 대조번역 (下)

『初等音樂』

第四學年

初等音樂

第四學年

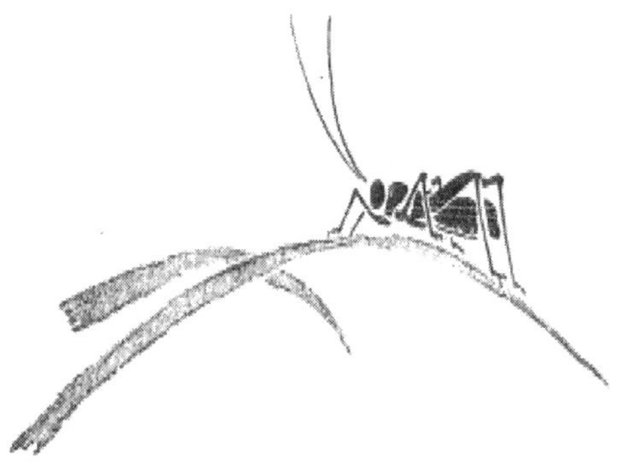

朝鮮總督府

『初等音樂』 第四學年
『초등음악』 제4학년

もくろく(목록)

	君が代	212
	기미가요	213
	勅語奉答	214
	칙어봉답	215
	天長節	216
	천장절	217
	明治節	218
	메이지절	219
	一月一日	222
	1월 1일(설날)	223
	紀元節	226
	기원절	227
一	春の海	230
	봄바다	231
二	作業の歌	232
	작업의 노래	233
三	若葉	234
	새싹	235
四	機械	236
	기계	237
五	千早城	240
	지하야성	241
六	野口英世	244
	노구치 히데요	245
七	水泳の歌	248
	수영의 노래	249
八	山田長政	250
	야마다 나가마사	251

九	秋の空	252
	가을하늘	253
十	船は帆船よ	254
	배는 범선이라네	255
十一	靖國神社	256
	야스쿠니 신사	257
十二	村の鍛冶屋	258
	마을의 대장장이	289
十三	ひよどり越	260
	히요도리고에	261
十四	入營	262
	입영	263
十五	グライダー	264
	글라이더	265
十六	きたへる足	266
	다리를 단련하자	267
十七	かぞへ歌	268
	숫자 노래	269
十八	廣瀨中佐	272
	히로세 중령	273
十九	少年戰車兵	276
	소년전차병	277
二十	九勇士	278
	아홉 용사	279
二十一	子守歌	282
	자장가	283
二十二	北のまもり	284
	북방 수비	285

君が代

君が代は、
ちよにやちよに、
さざれ石の、
いはほとなりて、
こけのむすまで。

기미가요

천황의 성대는
천대만대에 걸쳐
조약돌이
바위가 되고
이끼가 낄 때까지

勅語奉答

あやにかしこき　すめらぎの、
あやにたふとき　すめらぎの、
あやにたふとく、かしこくも、
下したまへり、大みこと。
これぞめでたき　日の本の
國の教の　もとゐなる。
これぞめでたき　日の本の
人の教の　かがみなる。
あやにかしこき　すめらぎの
みことのままに　いそしみて、
あやにたふとき　すめらぎの
大御心に　答へまつらん。

칙어봉답

비할 데 없이 황공한 천황폐하의
비할 데 없이 고귀하신 천황폐하의
한없이 존귀하고 황공하옵게도
하사하신 대칙어
이야말로 경하스런 대일본의
국민교화의 근간이어라
이야말로 경하스런 대일본의
인간교육의 귀감이어라
한없이 황공스런 천황폐하의
칙어의 말씀대로 노력하여
한없이 고귀한 천황폐하의
크신 성은에 보답하리라

天長節

今日のよき日は、　　　大君の
うまれたまひし　　　　よき日なり。
今日のよき日は、　　　みひかりの
さし出たまひし　　　　よき日なり。
ひかりあまねき　　　　君が代を
いはへ、もろ人　　　　もろともに。
めぐみあまねき　　　　君が代を
いはへ、もろ人　　　　もろともに。

천장절

오늘같이 좋은 날은	천황폐하가
이 세상에 탄생하신	좋은 날이라
오늘같이 좋은 날은	서광이
비추기 시작하는	좋은 날이라
온누리에 비치는	천황 치세를
경축하라 모든 이여	모두 다함께
온누리에 미친 은혜	천황 치세를
경축하라 모든 이여	모두 다함께

明治節

一　アジヤの東日出づるところ、
　　ひじりの君のあらはれまして、
　　古きあめつちとざせるきりを、
　　大御光にくまなくはらひ、
　　敎あまねく、道明らけく、
　　治めたまへる御代たふと。

二　めぐみの波はやしまにあまり、
　　みいつの風はうな原こえて、
　　神のよさせるみわざをひろめ、
　　民のさかゆく力をのばし、
　　とつ國國のふみにも、しるく
　　とどめたまへる御名かしこ。

메이지절

1 아시아의 동쪽 해 뜨는 곳
  현인신(現人神) 천황이 나타나시어
  오랫동안 천지를 가린 안개를
  거룩한 빛으로 구석구석 비추어
  가르침 온 땅에 도를 밝히시어
  다스리신 천황의 치세 존엄하여라

2 은혜의 물결은 온 일본에 넘치고
  천황 위광의 은혜는 사해에 넘쳐서
  모든 이가 의지하는 신의 위업을 넓히고
  만백성이 번성해 가는 힘을 펼쳐
  다른 나라들의 역사에도 기록되어
  남겨지는 그 이름 황공하여라

三　秋の空すみ、菊の香高き、
　　今日のよき日を皆ことほぎて、
　　定めましけるみのりをあがめ、
　　さとしましけるみことを守り、
　　代代木の森の代代とこしへに
　　仰ぎまつらん、大みかど。

3 가을하늘 청명하고 국화향기 드높은데
　오늘같이 좋은 날을 모두 축복하고
　정해진 제국헌법을 숭상하여
　깨달음 주시는 칙어를 준수하여
　요요기숲이 세세에 영원토록
　받들어 모시자 메이지 천황을!

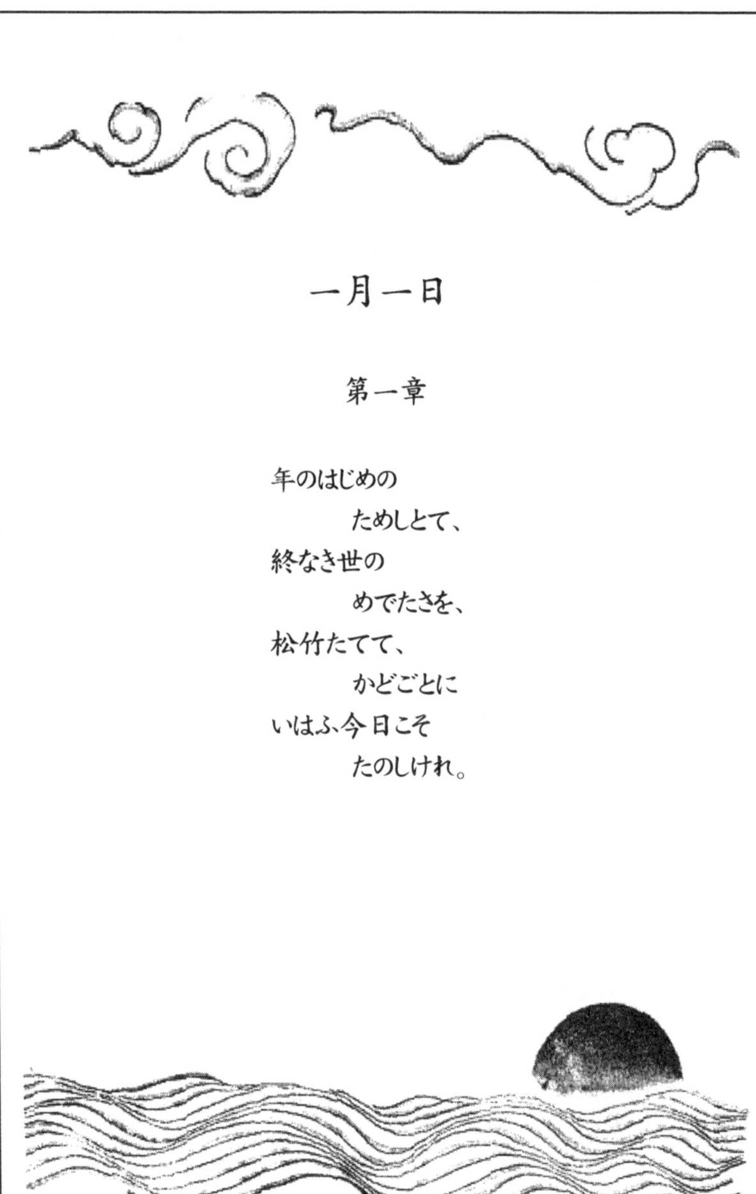
一月一日

第一章

年のはじめの
　　ためしとて、
終なき世の
　　めでたさを、
松竹たてて、
　　かどごとに
いはふ今日こそ
　　たのしけれ。

1월 1일(설날)

제1장

한해 시작하는
　　　징표
무궁한 치세의
　　　경사를
가도마쓰 세우네
　　　집집마다
축하하는 오늘이야
　　　즐겨나 보세

第二章

初日のひかり
　　さしいでて、
よもにかがやく
　　今朝のそら、
君がみかげに
　　たぐへつつ
仰ぎ見るこそ
　　たふとけれ。

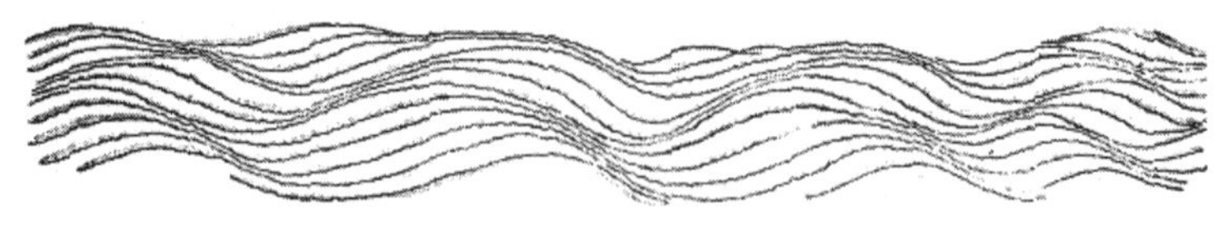

제2장

새해 아침 햇살
　　내리비치고
천지에 빛나는
　　새해 아침 하늘
폐하의 은덕에
　　비할 바 없네
우러러 볼 수록
　　거룩하여라

紀元節

第一章

雲にそびゆる高千穂の
高根おろしに、草も、木も、
なびきふしけん大御世を
仰ぐ今日こそ樂しけれ。

第二章

うな原なせるはにやすの
池のおもよりなほひろき
めぐみの波にあみし世を
仰ぐ今日こそ樂しけれ。

기원절

제1장

구름에 솟아오른 다카치호의
재 넘어 부는 바람에 풀도 나무도
나부껴 엎드리는 천황의 치세를
우러르는 오늘이야말로 즐거워라

제2장

넓디 넓은 창해 하니야스의
연못보다 더욱 드넓은
은혜의 물결로 뒤덮인 치세를
우러르는 오늘이야말로 즐거워라

第三章
あまつひつぎの高みくら、
千代よろづよに動きなき
もとゐ定めしそのかみを
仰ぐ今日こそ樂しけれ。

第四章
空にかがやく日のもとの、
よろづの國にたぐひなき
國のみはしらたてし世を
仰ぐ今日こそ樂しけれ。

제3장
하늘에서 정해져 이어온 천황의 옥좌
천대만대 영원토록 불변할
근간을 정하신 시조신을
우러르는 오늘이야말로 즐거워라

제4장
하늘에 빛나는 태양 아래
온 세상에 비할 데 없는
나라의 기둥을 세우신 치세를
우러르는 오늘이야말로 즐거워라

一　春の海

一　うすむらさきにほのぼのと、
　　朝の光は、あたらしい、
　　のぞみを乗せて来るやうな
　　明かるい、廣い春の海。

二　のどかに波はささやいて、
　　空と水とのあをみどり。
　　心も廣くなるやうに、
　　ゆたかにゆれる春の海。

1. 봄바다

1 연보라 빛깔에 어렴풋이
  아침 햇살은 새로운
  희망을 싣고 오는 듯
  밝고 넓은 봄바다

2 잔잔하게 파도는 속삭이고
  하늘과 물이 어우러진 청록색
  마음도 넓어지는 듯
  풍요롭게 일렁거리는 봄바다

二　作業の歌

一　さあさあ、元氣で、働け、働け、
　　　水くみ、草とり、
　　　なんでもやらうぞ。
　　　作業だ、作業だ、ゆくわいに働け。

二　力をあはせて、働け、働け、
　　　寒さも、暑さも、
　　　わすれてしまふぞ。
　　　作業だ、作業だ、いつしよに働け。

三　心をひとつに、働け、働け、
　　　どんどん仕事が、
　　　進むぞ、進むぞ。
　　　作業だ、作業だ、みんなで働け。

2. 작업의 노래

1 자- 힘차게 일하세 일해
　　물긷기 풀베기
　　무엇이든 할 거야
　작업이다 작업이야 유쾌하게 일하세

2 힘을 합쳐 일하세 일해
　　추위도 더위도
　　잊어버릴 거야
　작업이다 작업이야 함께 일하세

3 마음을 합쳐서 일하세 일해
　　착착 일이
　　되어가네 진척되네
　작업이다 작업이야 모두 일하세

三　若葉

一　あざやかなみどりよ、
　　あかるいみどりよ、
　　　　鳥居をつつみ、
　　　　わら屋をかくし、
　　かをる、かをる、
　　若葉がかをる。

二　さわやかなみどりよ、
　　ゆたかなみどりよ、
　　　　田はたをうづめ、
　　　　野山をおほひ、
　　そよぐ、そよぐ、
　　若葉がそよぐ。

3. 새싹

1 산뜻한 신록이여
  밝은 신록이여
    도리이를 에워싸고
    초가집을 가리우고
  향기 나네 향기 나네
  새싹 향기가 풍기네

2 상쾌한 신록이여
  풍성한 신록이여
    논밭을 뒤덮고
    산과 들을 메우고
  살랑대네 살랑대네
  새싹이 살랑거리네

四　機械

工場だ、
機械だ、
　　鐵だよ、音だよ、
　　どどどん、どどどん。

ピストン、
腕だよ、
　　あつちへ、こつちへ、
　　がたとん、がたとん。

車だ、
車輪だ、
　　ぐるぐる　まはるよ、
　　ぐるぐる、ぐるぐる。

4. 기계

공장이랍니다
기계랍니다
　　철이예요 기계소리예요
　　쿠쿵 쿠쿵

피스톤
팔뚝 같아요
　　이쪽으로 저쪽으로
　　덜커덩 덜커덩

바퀴랍니다
기계바퀴랍니다
　　빙글 빙글 돌아가요
　　빙글 빙글 빙글 빙글

車輪と
車輪に、
　　皮おび　すべるよ、
　　するする、するする。

歯車、
歯車、
　　歯と歯とかみあひ、
　　ぎりぎり、ぎりぎり。

動くよ、
音だよ、
　　鐵だよ、ぐるぐる、
　　がたとん、どどどん。

기계바퀴와
기계바퀴에
　벨트가 미끄러져요
　스르륵　스르륵

톱니바퀴
톱니바퀴
　톱니가 서로 맞물려
　끼익　끼익

움직여요
기계소리예요
　철이예요 빙글 빙글
　덜커덩 쿠쿵

五　千早城

一　そびえる金剛(こんがう)、
　　とりでは千早、
　　寄せ來る賊軍、
　　　一百よ萬。

5. 지하야성

1 우뚝 솟은 곤고산(金剛山)
  요새는 지하야
  밀려오는 적군
          백여만

1 **지하야성**(千早城) : 일본 오사카부 미나미카와치군에 소재한 구스노키 마사시게(楠木正成)의 성. 가마쿠라 시대의 무장 구스노키 마사시게(楠木正成)가 곤고산(金剛山) 일대에 쌓은 산성 중 하나인 지하야성은 주위가 절벽으로 둘러싸인 천연의 요새를 갖춘 데다 마사시게군의 충성심을 보여준 유명한 성이다. 1333년 1000여 명의 마사시게군은 최후의 보루인 지하야성에서 버티며 성을 포위한 가마쿠라 막부의 대군을 맞아 돌과 나무, 불 등으로 공격하는 등 선전함으로써 가마쿠라 막부를 멸망으로 이끌었다. 이후 남북조시대에 하타케야마의 공격으로 함락되었다.

二　忠義のこころは、
　　鐵より堅く、
　　まもるは楠木
　　　一千よ人。

三　戰ふたびごと
　　賊軍やぶれ、
　　みいつにかがやく、
　　　菊水の旗。

2 충의의 마음은
철보다 단단하여
수비는 구스노키2군
천여 명
3 싸울 때마다
적군을 무찔러
위광에 빛나는
국화문양의 깃발

2 **구스노키 마사시게**(楠木正成) : 가마쿠라시대 말기부터 남북조(南北朝) 시대까지 활약한 가와치(河內)지방의 무장. 가마쿠라 말기 고다이고(後醍醐) 천황의 막부 타도에 동참하여 막부로부터 악당(惡黨)이라 불리었다. 가마쿠라 막부를 타도한 이후 천황 친정체제를 확립해가던 중 아시카가 다카우지(足利尊氏)가 또다시 천황을 등지고 막부를 세우려 하자 황실의 편에 서서 끝까지 싸우다 미나토(湊)강 전투에서 패하게 되자 자결하였다. 메이지유신 이후 남조에 황실의 정통성을 두게 되면서 구스노키 마사시게의 천황에 대한 충성심이 재조명되어 다이난코(大楠公)으로 불리게 되었으며, 강담(講談) 등에서는 『삼국지연의(三國志演義)』의 천재 지략가 제갈량(諸葛亮)과 견주어 지략과 충성을 겸비한 참모의 상징적 인물로 이미지화 하였다. 그리하여 제2차세계대전 당시 황국사관(皇國史觀)에 입각한 '충신의 표상' 혹은 '일본인의 귀감'으로 상찬되어 수신교육에 이용되었다.

六　野口英世(のぐちひでよ)

一　磐梯山(ばんだいさん)の動かない
　　姿にも似たその心。
　　　　苦しいことがおこつても、
　　　　つらぬきとげた強い人。

二　やさしく母をいたはつて、
　　昔の師をばうやまつて、
　　　　醫學(いがく)の道をふみきはめ、
　　　　世界にその名あげた人。

6. 노구치 히데요[3]

1 반다이산[4]의 흔들림 없는
　모습을 닮은 그 마음
　　괴로운 일이 생겨도
　　끝까지 이루어 낸 강인한 사람

2 다정하게 어머니를 돌보고
　옛 스승을 공경하며
　　의학의 길에 정진하여
　　세계에 그 이름을 떨친 사람

3 **노구치 히데요**(野口英世, 1876~1928) : 일본의 세균학자. 전신마비로 고통받는 환자의 뇌 속에서 매독을 일으키는 병원체인 '트레포네마 팔리둠'을 처음으로 발견하였고, '오로야 열병'과 '베루가 페루아나'가 모두 '바르토넬라 간균' 때문에 일어날 수 있다는 사실을 입증한 학자이다. 1897년 도쿄의 일류 의과대학을 졸업한 뒤 1900년에 미국 필라델피아에 있는 펜실베이니아대학교로 가서 사이먼 플렉스너 밑에서 뱀의 독을 연구했다. 1904년에 뉴욕시티의 록펠러 의학연구소에 연구원으로 들어가 25년 동안 후원을 받아 시험관에서 배양하지 못했던 미생물을 배양하는 방법을 창안해 냈으며, 척수성소아마비와 트라코마를 연구하였고, 황열병 예방백신과 혈청제를 만들기 위하여 매진하였다. 아프리카에서 황열병을 연구하다가 그 병에 감염되어 51세 나이로 사망하였다. 현재 일본의 천엔권 지폐 초상화의 주인공이다.

4 **반다이산**(磐梯山) : 노구치 히데요의 출신지 후쿠시마현(福島県) 야마군(耶麻郡)에 소재한 산으로, 노구치 히데요의 성장과 품성에 영향을 주었다고 여겨진다.

三　波ぢも遠いアフリカに
　　日本のほまれかがやかし、
　　　人の命をすくはうと、
　　　　じぶんは命すてた人。

3 뱃길도 먼 아프리카에
  일본의 명예를 빛내고
       사람들의 생명을 구하려고
       자신은 목숨을 버린 사람

七　水泳の歌

一　朝日はのぼる、雲はわく。
　　みどりみなぎるうな原に
　　泳ぐはわれら、海の子ら。

二　しぶきはをどる、かもめ飛ぶ。
　　腕はくろがね、もえる日に
　　きたへてわれら、海の子ら。

三　あら波ほえる、岩は鳴る。
　　さかまき寄せる黒潮を
　　乗り切るわれら、海の子ら。

7. 수영의 노래

1 아침해는 떠오르고 구름은 피어나네
　푸르름 넘실대는 넓은 바다에
　헤엄치는 우리들 바다의 아이들

2 물보라는 춤추고 갈매기 나는구나
　강철처럼 굳센 팔 타오르는 태양에
　단련하는 우리들 바다의 아이들

3 거센 파도 포효하니 바위는 우는구나
　용솟음치며 밀려오는 구로시오(黑潮)를
　헤쳐나가는 우리들 바다의 아이들

八　山田長政

一　黑潮寄せ來る大うな原も、
　　わたれば近し、シャムの國。
　　南へ、南へ、船行く、船行く。
　　山田長政　日本男子。

二　正義のいくさに力をそへて、
　　いさをは高し、ナコン王。
　　南へ、南へ、國威はのび行く。
　　山田長政　日本男子。

8. 야마다 나가마사

1 구로시오 밀려오는 드넓은 바다도
  건너보니 가깝구나 샴[5]이라는 나라
  남쪽으로 남쪽으로, 항해하네 항해해
  야마다 나가마사[6] 일본남자

2 정의로운 전투에 힘을 더해
  공적은 드높구나 나콘왕
  남쪽으로 남쪽으로 국위를 펼쳐가네
  야마다 나가마사 일본남자

5 **샴**(シャム) : 현재의 태국을 말함
6 **야마다 나가마사**(山田長政, 1590~1630) : 에도시대 초기의 모험가로, 주
  로 태국에서의 영웅담으로 많이 알려진 인물이다. 이 시기 필리핀이나
  태국, 베트남 등 동남아시아에 일본인이 이주하여 일본인마을을 조성
  하고 있었다. 태국에서 활약하였던 야마다 나가마사의 경우 훗날 태국
  의 왕이 되어 '나콘왕'으로 이름을 드높인 인물로 알려져 있다.

九　秋の空

一　晴れたよ、晴れたよ、秋の空。
　　みんなで走らう、原つぱを、
　　だれか　向かふでよんでゐる。

二　高いよ、高いよ、秋の空。
　　日の丸そめたグライダー、
　　をかの上から、飛ばさうよ。

三　廣いよ、廣いよ、秋の空。
　　海より青くすんでゐて、
　　こころ　はればれ日本晴。

9. 가을하늘

1 화창하구나 화창해 가을하늘
  모두 함께 달려요 넓은 들판을
  누군가 저편에서 부르고 있어요

2 높구나 높아 가을하늘
  일장기 새긴 글라이더
  언덕 위에서 날려보아요

3 넓구나 넓어 가을하늘
  바다보다 푸르고 맑아서
  마음도 상쾌한 가을 날씨

十　船は帆船よ

一　船は帆船よ、
　　三本マスト、
　　千里の海も なんのその。

二　萬里の波に
　　夕日が落ちて、
　　なほも南へ　氣がはやる。

三　とまり重ねて、
　　心にかかる
　　安南シャムは　まだはるか。

四　椰子(やし)の林に
　　照る月影を、
　　昔の人は　どう見たか。

五　日本町に
　　ふけ行く夜の
　　ゆめは故郷を　かけまはる。

10. 배는 범선이라네

1 배는 범선이라네
돛대는 세 개
천리 길 바다라도 문제 없다네

2 만리 길 파도에
석양이 지고
아직도 남쪽으로 마음만 급하네

3 정박을 거듭하니
걱정이 되는구나
안남7, 샴은 아득한데

4 야자숲에
비치는 달빛을
옛 사람들은 어떻게 보았을까?

5 일본인마을8에
깊어가는 밤
꿈은 고향을 떠도네

7 **안남**(安南) : 현재의 베트남의 옛 국명.
8 **일본인마을**(日本人町) : 14세기부터 18세기까지 태국 아유타야(アユタヤ)에 존재한 일본인마을이다. 당시 태국 왕국은 주변국인 버마로부터 군사적 압박을 당하고 있었다. 전란을 거치면서 실전경험이 풍부한 일본의 무사들, 특히 주군을 잃은 낭인들이 용병으로 유입되었던 까닭에 주로 일본인 용병들과, 무역상, 그리고 크리스찬 가족 및 몇몇 태국인이 마을의 구성원이 되어 살고 있었다.

十一　靖國(やすくに)神社

一　ああ、たふとしや、大君に
　　命ささげて、國のため
　　たてしいさをは、とこしへに
　　光りかがやく　靖國の神。

二　ああ、かしこしや、櫻木の
　　花と散りても、忠と義の
　　たけきみたまは、とこしへに
　　國をまもりの　靖國の神。

11. 야스쿠니 신사

1 아— 고귀하여라 천황께
　　목숨 바치고 황국을 위해
　　세운 공적은 영원토록
　　빛나리라 야스쿠니[9]의 신

2 아— 황공하여라 벚나무
　　꽃으로 산화하여도 충의의
　　용맹스런 영혼은 영원토록
　　나라를 지키는 야스쿠니의 신

9 **야스쿠니 신사**(靖國神社) : 야스쿠니 신사는 원래 1869년 戊辰戰爭에서 전사한 官軍을 추모하기 위해 건립되었는데 건립 당시 '도쿄초혼사(東京招魂社)'라 부르던 것이 1877년 메이지 천황의 命名에 의해 개칭된 것이다. 이후 천황(국가)을 위해 죽은 일본인을 神으로 모시고 추모하는 국가적 신사로 확대되어 일본 제국주의를 상징하는 신사가 되어 태평양전쟁 전범자 및 참여자 총246만여 명의 위패가 안치되어 있다. 경내의 유취관(遊就館)에는 전쟁에 쓰여진 비행기 잔해나 전차, 어뢰 등이 전시되어 있어 당시의 상황을 생생하게 전해주고 있다.

十二　村の鍛冶屋(かぢや)

一　しばしも休まずつち打つ響き。
　　飛び散る火花よ、はしる湯玉。
　　ふいごの風さへ息をもつがず、
　　仕事に精出す村の鍛冶屋。

二　あるじは名高いいつこく者よ、
　　早起き早寝の、やまひ知らず。
　　鐵より堅いとじまんの腕で、
　　打ちだす刃物に心こもる。

12. 마을의 대장장이

1 잠시도 쉬지 않고 망치 두드리는 소리
  튀는 불꽃, 끓는 물방울
  풀무바람조차 숨도 돌리지 않고
  일에 온 힘 쏟는 마을의 대장장이

2 주인은 소문난 고집불통이요
  일찍 자고 일찍 일어나 병도 모르네
  쇠보다 단단하다고 뽐내는 팔로
  두드리는 쇠붙이에 정성을 다하네

十三　ひよどり越

一　しかも四つ足、馬も四つ足、
　　しかの越え行くこの坂みち、
　　馬の越えざる道理はなしと、
　　大將義經(よしつね)まつ先に。

二　つづく勇士も、われおくれじと、
　　ひよどり越にさしかかれば、
　　平家の陣は眞下に見えて、
　　たたかひ今やまつ最中。

三　ゆだん大敵、うらの山より、
　　三千餘騎のさか落しに、
　　平家の一門おどろきあわて、
　　屋島をさして落ちて行く。

13. 히요도리고에

1 사슴도 네 발 말도 네 발
  사슴이 넘어가는 고갯길
  말이 넘지 못할 이유가 없다고
  대장 요시쓰네 맨 앞에

2 뒤따르는 용사도 나라고 뒤질쏘냐고
  히요도리고에10에 다다르니
  헤이케 진영은 바로 밑에 보이고
  전투는 한창 절정

3 방심은 금물 뒷산으로부터
  삼천여 기마가 단숨에 기습하니
  헤이케 진영은 놀라 허둥대며
  야시마를 향해서 도망가네

.

---

10 **히요도리고에**(ひよどり越) : 현 고베(神戶) 효고구(兵庫区) 소재의 옛 지
 명. 헤이안시대 말기의 전란을 주제로 한 역사소설 『헤이케모노가타리
 (平家物語)』에 나오는 '이치노타니(一ノ谷)전투' 중 미나모토노요시쓰네
 (源義経)가 지휘한 기습전에 등장하는 지명이다.

十四　入營

一　大君います
　　國なれば、
　　ますらをわれは
　　いでたちて、
　　今日よりはかん、
　　劔たち、
　　ちかひもかたし、
　　神のには。

一[11]　ますらをなれば、
　　勇ましく
　　いでたつ君を
　　送りつつ、
　　門出をいはふ

　　旗の波、
　　萬歳たかく
　　とよめきて。

11 二의 오자로 추정 됨.

14. 입영

1 천황이 계시는
  나라라면
  대장부인 나는
  출정하여
  오늘부터 차리라
  검을
  맹세도 굳세어라
  신의 터전

2 대장부로서
  용맹스럽게
  떠나는 그대를
  배웅하면서
  출정을 축하하는
  깃발의 물결
  만세소리 드높게
  울려퍼지고

十五　グライダー

一　雲はかがやく丘(をか)の上、
　　つばさもかるく、身もかるく、
　　ゆくては、ひろい空のはて、
　　今とびたつよ　グライダー。

二　緑の丘をみおろして、
　　あげかぢ引けば、音もなく、
　　林をこえて、雲こえて、
　　はてなくかける　グライダー。

三　しつかとにぎる　操縦桿(さうじゆうかん)、
　　やがて空ゆく　荒鷲(あらわし)の
　　夢(ゆめ)をはるかにのせながら、
　　どこまでとぶか　グライダー。

15. 글라이더

1 구름이 빛나는 언덕 위
  날개도 가볍게 동체도 가볍게
  목표는 드넓은 하늘 끝
  이제 날아올라요 글라이더

2 푸르른 언덕을 내려다보며
  승강타12를 당기니 소리도 없이
  숲을 지나고 구름을 넘어서
  끝없이 날아가는 글라이더

3 힘껏 쥔 조종간(操縱桿)
  머지않아 하늘을 나는 전투기에
  희망을 가득 싣고서
  어디까지 날아갈까 글라이더

12 **승강타**(あげかぢ) : 비행기의 뒷날개에 달려 있는 키. 비행기가 뜨고 내
  릴 때나 수평 안정을 위한 조종에 사용된다.

十六　きたへる足

一　大空晴れて深みどり、
　　心はひとつ、日はうらら。
　　　　足並そろへ、
　　　　　ぐんぐん歩け。
　　みんな元氣で、きたへる足だ。

二　道一筋にしも光り、
　　　心はをどる、氣ははずむ。
　　　　足どりかるく、
　　　　　ぐんぐん歩け。
　　みんな元氣で、きたへる足だ。

16. 다리를 단련하자

1 넓은 하늘 청명하게 개이고
　마음은 하나 화창한 날
　　발걸음을 맞추어
　　척척 걸어라
　다같이 힘차게 다리를 단련하자

2 한길 신작로에 서리는 반짝이고
　마음은 들뜨고 기분은 설레네
　　발걸음도 가볍게
　　척척 걸어라
　다같이 힘차게 다리를 단련하자

十七　かぞへ歌

一つとや、ひとりで早起き、身を清め、
　　日の出を拝んで、庭はいて、水まいて。

二つとや、ふだんにからだをよくきたへ、
　　み國にやくだつ人となれ、民となれ。

三つとや、身支度きちんと整へて、
　　ことばは正しくはきはきと、ていねいに。

四つとや、よしあしいはずによくかんで、
　　御飯をたべましよ、こころよく、行儀よく。

五つとや、急いで行きましよ、左側、
　　道草しないで學校に、お使ひに。

17. 숫자 노래

하나하면, 스스로 일찍 일어나 몸을 깨끗히
　　동방에 요배하고 마당 쓸고 물 뿌리고

둘하면, 평소에 몸을 잘 단련하여
　　황국에 유용한 사람이 되자 신민이 되자

셋하면, 의복은 단정하게 차려입고
　　말은 또랑 또랑 바르고 정중하게

넷하면, 음식 가리지 않고 잘 씹어
　　밥을 먹읍시다 기분 좋게 예의 바르게

다섯하면, 서둘러서 갑시다 좌측으로
　　해찰 부리지 말고 학교도 심부름도

六つとや、虫でも、草でも、氣をつけて、
　自然の姿を調べませう、學びませう。

七つとや、仲よくみんなでお當番、
　ふく人、はく人、はたく人、みがく人。

八つとや、休みの時間は、元氣よく、
　まり投げ、なは飛び、鬼ごつこ、かくれんぼ。

九つとや、心は明かるく、身は輕く、
　進んで仕事の手傳ひに、朝夕に。

十とや、東亞(とうあ)のまもりをになふのは、
　正しい日本の子どもたち、わたしたち。

여섯하면, 곤충이나 풀이라도 주의 깊게
　　자연형상을 관찰합시다 배웁시다

일곱하면, 사이좋게 다같이 청소당번
　　닦는 사람, 쓰는 사람, 터는 사람, 광내는 사람

여덟하면, 쉬는 시간은 활기차게
　　공던지기, 줄넘기, 술래잡기, 숨바꼭질

아홉하면, 마음은 밝게 몸은 가볍게
　　자진하여 일을 도우세 아침 저녁으로

열하면, 동아(東亞)의 수호를 짊어질 자는
　　일본의 올바른 아이들, 우리들이로세

十八　廣瀬中佐

一　とどろくつつ音、
　　飛び來る彈丸。
　　荒波あらふ
　　デッキの上に、
　　　やみを貫ぬく中佐の叫び。
　　　「杉野はいづこ、杉野はゐずや。」

二　船内くまなく
　　たづぬる三たび。
　　呼べど答へず、
　　さがせど見えず。
　　　船はしだいに波間に沈み、
　　　敵彈いよいよあたりにしげし。

18. 히로세 중령

1 울려 퍼지는 포성
  날아오는 탄환
  거친 파도 철썩이는
  갑판 위에
    어둠을 찌르는 중령의 고함소리
    "스기노는 어디에, 스기노는 없느냐."

2 배 안 구석 구석
  찾기를 세 번
  불러도 대답 없고
  찾아도 보이지 않네
    배는 서서히 파도속으로 가라앉고
    적탄은 점점 가까이 쏟아지네

三　今はとボートに
移れる中佐、
飛び來る彈に
たちまち失せて、
旅順港外うらみぞ深き、
軍神廣瀬とその名殘れど。

　　3 하는 수 없이 보트에
　　　옮겨 타는 중령
　　　날아오는 탄환에
　　　홀연히 전사했네
　　　　여순(旅順)항의 원한은 깊어라
　　　　군신 히로세[13] 그 이름 남았지만

13 **히로세 다케오**(廣瀬武夫, 1868~1904) : 1904년 러일전쟁시 여순항 폐쇄
　작전(旅順港閉塞作戰)을 수행하던 중 행방불명된 부하 스기노(杉野孫
　七) 일등병을 찾다가 적탄에 맞아 전사함으로써 부하사랑의 휴머니즘
　을 보여준 해군장교이다. 戰死 후 소령에서 중령으로 진급하고 해군의
　군신으로 추앙받았다.

十九　少年戰車兵

一　來たぞ、少年戰車兵、
　　鐵の車に、鐵かぶと。
　　ごうごうごうごう、
　　　　　　ごうごうごう。

二　來たぞ、少年戰車兵、
　　口はきりりと一文字。
　　ごうごうごうごう、
　　　　　　ごうごうごう。

三　來たぞ、少年戰車兵、
　　なんの敵陣ひとけりと、
　　ごうごうごうごう、
　　　　　　ごうごうごう。

19. 소년전차병

1 왔노라 소년전차병
　철로 만든 전차에 철로 만든 모자
　쿠르릉 쿠르릉
　　　쿠르르릉

2 왔노라 소년전차병
　입은 굳게 다물어 한일자
　쿠르릉 쿠르릉
　　　쿠르르릉

3 왔노라 소년전차병
　이까짓 적진 단숨에 물리치고
　쿠르릉 쿠르릉
　　　쿠르르릉

二十　九勇士

一　　生きてかへらぬ決心を、
　　　うたや言葉にかきのこし、
　　　六千キロの海こえて
　　　襲(おそ)ふハワイの　眞珠灣(しんじゆわん)。

二　　月の光も青い夜、
　　　われ襲撃(しふげき)に成功の
　　　がいかを送り、二度とまた
　　　かへらぬ　特別攻撃隊。

20. 아홉 용사

1 살아 돌아오지 않을 결심을
　시나 글로 써 남기고
　육천 킬로의 바다를 건너
　기습하는 하와이 진주만

2 달빛도 푸르른 밤에
　우리 습격에 성공의
　개가를 보내고 두 번 다시
　돌아오지 못한 특별공격대

三　花とその身は散つたけど、
　　もゆるまことは、いつまでも
　　われらの胸にいきかへり、
　　み國をまもる　九勇士。

3 몸은 벗꽃처럼 산화됐지만
　　타오르는 충심은 영원토록
　　우리들 가슴에 되살아나리
　　황국을 지키는 아홉 용사[14]

14 **아홉 용사**(九勇士) : 1941년 하와이 진주만(眞珠灣)공격시 어뢰를 쌓은
　　특수잠항정을 타고 특별공격대로 출격하여 자폭한 아홉 명의 소년특공
　　대원을 기리고 추앙하기 위하여 만들어진 노래 그대로, 특히 식민지
　　조선아동의 '황군(皇軍)만들기'에 적절히 활용된 아동용 군가이다.

二十一　子守歌

一　ねんねん　ころりよ、
　　　　おころりよ。
　　ばうやは　よい子だ、
　　　　ねんねしな。

二　ばうやの　おもりは、
　　　　どこへ　行つた。
　　あの山　こえて
　　　　里へ　行つた。

三　里の　みやげに、
　　　　なに　もらつた。
　　でんでん　だいこに、
　　　　しやうの　ふえ。

21. 자장가

1 자장 자장 잘 자라
　　잘 자거라
　아가는 착한 아이
　　잘 자거라

2 아기보기는
　　어디에 갔나?
　저 산 너머
　　고향에 갔다

3 고향 선물로
　　무얼 받았나?
　딸랑 딸랑 돌림 북에
　　흥겨운 피리

二十二　北のまもり

一　ゴムの林に、椰子(やし)の葉かげに、
　　なびく日の丸こころにゑがき、
　　つねにわすれぬ　北のまもり。

二　夏は草木も　もえる荒野に、
　　冬は吹雪(ふぶき)の野のはて遠く、
　　みぢんゆるがぬ　北のそなへ。

三　のびる日本のかがやく行手、
　　しつかと見つめて、昨日も今日も、
　　はげむつとめは　北のまもり。

22. 북방 수비

1 고무나무숲에서 야자나무 그늘에서
  휘날리는 일장기 마음에 새기며
  언제나 잊지 않는 북방 수비

2 여름에는 초목도 거친 들판에서
  겨울에는 눈보라 치는 들판 끝 저 멀리
  추호도 흔들리지 않는 북쪽 방비

3 뻗어가는 일본의 빛나는 앞길
  굳건히 지키세 어제도 오늘도
  주어진 임무는 북방 수비

發　行　所　　朝鮮書籍印刷株式會社

京城府大島町三十八番地

代表者　野世溪閑了

發行者
印刷者
翻刻發行　朝鮮書籍印刷株式會社

京城府大島町三十八番地

著作權所有

發行者
著作兼發行者　朝鮮總督府

定價金十六錢

初等音樂　四年

昭和十八年三月三十一日翻刻發行
昭和十八年三月二十八日翻刻印刷

일제강점기 조선총독부 편찬
초등학교 〈唱歌〉 교과서 대조번역 (下)

『初等音樂』

第五學年

初等音樂

第五學年

朝鮮總督府

『初等音樂』第五學年
『초등음악』 제5학년

目録(목록)

君が代 ······ 292
기미가요 ······ 293
勅語奉答 ······ 294
칙어봉답 ······ 295
天長節 ······ 296
천장절 ······ 297
明治節 ······ 298
메이지절 ······ 299
一月一日 ······ 300
1월 1일(설날) ······ 301
紀元節 ······ 302
기원절 ······ 303
昭憲皇太后御歌　金剛石・水は器 ······ 306
쇼켄황태후의 노래-금강석, 물은 그릇 나름 ······ 307
一　朝禮の歌 ······ 310
　조회의 노래 ······ 311
二　大八洲 ······ 312
　대일본 ······ 313
三　鯉のぼり ······ 314
　고이노보리 ······ 315
四　忠靈塔 ······ 316
　충령탑 ······ 317
五　赤道越えて ······ 318
　적도를 넘어서 ······ 319
六　麥刈 ······ 320
　보리베기 ······ 321
七　海 ······ 322

	바다	323
八	戰友	324
	전우	325
九	揚子江	326
	양자강	327
十	大東亞	328
	대동아	329
十一	牧場の朝	330
	목장의 아침	331
十二	聖德太子	332
	쇼토쿠 태자	333
十三	橘中佐	334
	다치바나 중령	335
十四	紅葉	336
	단풍	337
十五	捕鯨船	338
	고래잡이 배	339
十六	空の勇士	340
	하늘의 용사	341
十七	母の歌	344
	어머니의 노래	345
十八	冬景色	346
	겨울풍경	347
十九	小楠公	348
	쇼난코(小楠公)	349
二十	白衣の勤め	352
	백의(白衣)의 본분	353
二十一	桃山	354
	모모야마	355
二十二	山本元帥	356
	야마모토 원수	357

君が代

君が代は、
ちよにやちよに、
さざれ石の、
いはほとなりて、
こけのむすまで。

기미가요

천황의 성대는
천대만대에 걸쳐
조약돌이
바위가 되고
이끼가 낄 때까지

勅語奉答

あやにかしこき　すめらぎの、
あやにたふとき　すめらぎの、
あやにたふとく、かしこくも、
下したまへり、大みこと。
これぞめでたき　日の本の
國の教の　もとゐなる。
これぞめでたき　日の本の
人の教の　かがみなる。
あやにかしこき　すめらぎの
みことのままに　いそしみて、
あやにたふとき　すめらぎの
大御心に　答へまつらん。

칙어봉답

비할 데 없이 황공한 천황폐하의
비할 데 없이 고귀하신 천황폐하의
한없이 존귀하고 황공하옵게도
하사하신 대칙어
이야말로 경하스런 대일본의
국민교화의 근간이어라
이야말로 경하스런 대일본의
인간교육의 귀감이어라
한없이 황공스런 천황폐하의
칙어의 말씀대로 노력하여
한없이 고귀한 천황폐하의
크신 성은에 보답하리라

天長節

今日のよき日は、　　大君の
うまれたまひし　　　よき日なり。
今日のよき日は、　　みひかりの
さし出たまひし　　　よき日なり。
ひかりあまねき　　　君が代を
いはへ、もろ人　　　もろともに。
めぐみあまねき　　　君が代を
いはへ、もろ人　　　もろともに。

천장절

오늘같이 좋은 날은 천황폐하가
이 세상에 탄생하신 좋은 날이라
오늘같이 좋은 날은 서광이
비추기 시작하는 좋은 날이라
온누리에 비치는 천황 치세를
경축하라 모든 이여 모두 다함께
온누리에 미친 은혜 천황 치세를
경축하라 모든 이여 모두 다함께

明治節

一　アジヤの東日出づるところ、
　　ひじりの君のあらはれまして、
　　古きあめつちとざせるきりを、
　　大御光にくまなくはらひ、
　　教あまねく、道明らけく、
　　治めたまへる御代たふと。

二　惠の波は八洲に餘り、
　　みいつの風は海原越えて、
　　神のよさせるみわざをひろめ、
　　民の榮行く力をのばし、
　　とつ國國のふみにも、しるく
　　とどめたまへる御名かしこ。

三　秋の空すみ、菊の香高き、
　　今日のよき日を皆ことほぎて、
　　定めましけるみのりをあがめ、
　　さとしましけるみことを守り、
　　代代木の森の代代とこしへに
　　仰ぎまつらん、大みかど。

메이지절

1 아시아의 동쪽 해 뜨는 곳
  현인신(現人神) 천황이 나타나시어
  오랫동안 천지를 가린 안개를
  거룩한 빛으로 구석구석 비추어
  가르침 온 땅에 도를 밝히시어
  다스리신 천황의 치세 존엄하여라

2 은혜의 물결은 온 땅에 넘치고
  천황 위광의 은혜는 사해에 넘쳐서
  모든 이가 의지하는 신의 위업을 넓히고
  만백성이 번성해 가는 힘을 펼쳐
  다른 나라들의 역사에도 기록되어
  남겨지는 그 이름 황공하여라

3 가을하늘 청명하고 국화향기 드높은데
  오늘같이 좋은 날을 모두 축복하고
  정해진 제국헌법을 숭상하여
  깨달음 주시는 칙어를 준수하여
  요요기숲이 세세에 영원토록
  받들어 모시자 메이지 천황을!

一月一日

第一章

年のはじめの　　ためしとて、
終なき世の　　めでたきを、
松竹たてて、　かどごとに
いはふ今日こそ　　たのしけれ。

第二章

初日のひかり　　さしいでて、
よもにかがやく　　今朝のそら、
君がみかげに　　たぐへつつ
仰ぎ見るこそ　　たふとけれ。

1월 1일(설날)

제1장

한해 시작하는　징표
무궁한 치세의　경사를
가도마쓰 세우네　집집마다
축하하는 오늘이야　즐겨나 보세

제2장

새해 아침 햇살　내리비치고
천지에 빛나는　새해 아침 하늘
폐하의 은덕에　비할 바 없네
우러러 볼 수록　거룩하여라

紀元節

第一章

雲にそびゆる高千穂の
高根おろしに、草も、木も、
なびきふしけん大御世を
仰ぐ今日こそ樂しけれ。

第二章

海原なせるはにやすの
池のおもよりなほひろき
めぐみの波にあみし世を
仰ぐ今日こそ樂しけれ。

第三章

あまつひつぎの高みくら、
千代よろづよに動きなき
もとゐ定めしそのかみを
仰ぐ今日こそ樂しけれ。

기원절

제1장

구름에 솟아오른 다카치호의
재 넘어 부는 바람에 풀도 나무도
나부껴 엎드리는 천황의 치세를
우러르는 오늘이야말로 즐거워라

제2장

넓디 넓은 창해 하니야스의
연못보다 더욱 드넓은
은혜의 물결로 뒤덮인 치세를
우러르는 오늘이야말로 즐거워라

제3장

하늘에서 정해져 이어온 천황의 옥좌
천대만대 영원토록 불변할
근간을 정하신 시조신을
우러르는 오늘이야말로 즐거워라

第四章
空にかがやく日のもとの、
よろづの國にたぐひなき
國のみはしらたてし世を
仰ぐ今日こそ樂しけれ。

제4장
하늘에 빛나는 태양 아래
온 세상에 비할 데 없는
나라의 기둥을 세우신 치세를
우러르는 오늘이야말로 즐거워라

昭憲(せうけん)皇太后御歌

金剛石(こんがうせき)

金剛石もみがかずば
珠(たま)のひかりはそはざらむ
人もまなびてのちにこそ
まことの德はあらはるれ
時計の針のたえまなく
めぐるがごとくときのまの
日かげをしみて勵(はげ)みなば
いかなるわざかならざらむ

쇼켄황태후[1]의 노래

금강석

금강석이라도 갈고 닦지 않으면
구슬의 광채는 나지 않으리
사람도 배워서 훗날이 되면
진실된 덕은 나타나지요
시계의 바늘이 쉴 사이 없이
돌아가는 것처럼 찰라의
일촌광음 아껴서 분발하면은
어떠한 일이라도 안될 것인가?

1 **쇼켄황태후**(昭憲皇太后, 1849~1914) : 메이지 천황(明治天皇)의 황후이
자 메이지 천황과 후궁 사이에서 낳은 요시히토황자(嘉仁親王, 훗날
다이쇼천황)의 양어머니이다. 황후로서 사회사업진흥에 앞장 서 가조쿠
여학교(華族女學校) 현재의 가쿠슈인여자고등과(學習院女子高等科)와 오
차노미즈여자대학(お茶の水女子大學)을 설립하였으며 일본적십자사 발
전에 크게 기여하였다.

水は器

水はうつはにしたがひて
そのさまざまになりぬなり
人はまじはる友により
よきにあしきにうつるなり
おのれにまさるよき友を
えらびもとめてもろともに
こころの駒(こま)にむちうちて
まなびの道にすすめかし

물은 그릇 나름

물은 그릇에 따라
여러 가지 모양으로 된다네
사람도 교제하는 친구에 따라
좋게도 나쁘게도 변한다네
나보다 훌륭한 친구를
찾아 골라서 모두 함께
타락하려는 마음을 잘 다스려
배움의 길로 매진하세

一　朝禮の歌

一　朝なり、大氣澄みわたり、
　　ものみな清くさやかなり。
　　あらたなる日本、日々に生まる。
　　ああ、われらはげまん、今ぞ。

二　朝なり、心さわやかに、
　　旭日(きよくじつ)天にかがやけり。
　　大いなる日本、日々にさかゆ。
　　ああ、われらきたへん、今ぞ。

1. 조회의 노래

1 아침이다 공기 한없이 맑고
　만물이 깨끗하고 선명하네
　새로운 일본 나날이 다시 태어나네
　아－ 우리들 지금이야말로 분발하세

2 아침이다 마음도 상쾌하게
　욱일승천[2] 찬란하게 빛나네
　위대한 일본 나날이 번영하네
　아－ 우리들 지금이야말로 단련하세

---

2 **욱일승천**(旭日昇天) : 떠오르는 태양이라는 의미이지만, 여기서는 일장
기를 뜻하는 중의법으로 쓰이고 있다.

二　大八洲(おほやしま)

一　神生みませるこの國は、
　　山川きよき大八洲。
　　海原(うなばら)遠く行くかぎり、
　　御稜威(みいつ)あまねし、大東亞(だいとうあ)。

二　神しろしめすこの國は、
　　豐葦原(とよあしはら)の中つ國。
　　瑞穗(みづほ)のそよぎ、ゆたかなる
　　惠み仰がん、大東亞。

三　神まもりますこの國は、
　　きはみもあらず、浦安(うらやす)の
　　大船しげきゆきかひも、
　　とはに安けき大東亞。

2. 대일본

1 신께서 손수 빚으신 이 나라는
　산천이 정갈한 대일본
　드넓은 바다 멀리 끝까지
　천황의 위세 두루 미치네! 대동아

2 신께서 다스리시는 이 나라는
　풍요로운 세상의 중심3
　탐스런 벼이삭 살랑거려, 넘치는
　은혜 우러르세 대동아

3 신께서 돌보시는 이 나라는
　가이없어라, 평안한 일본의
　커다란 배 빈번한 왕래도
　영원히 평안토다 대동아

---

3 **도요아시와라노나카쓰쿠니**(豐葦原の中つ國) : '풍요로운 세상의 중심에 있는 일본'이라는 의미의 일본에 대한 미칭으로 쓰이고 있다.

三　鯉のぼり

一　甍(いらか)の波と雲の波、
　　重なる波の中空(なかぞら)を
　　橘(たちばな)かをる朝風に、
　　高く泳ぐや、鯉のぼり。

二　開ける廣きその口に、
　　舟をも呑まんさま見えて、
　　ゆたかに振るふ尾鰭(をひれ)には、
　　物に動ぜぬ姿あり。

三　百瀬(ももせ)の瀧(たき)を登りなば、
　　忽ち龍(りゆう)になりぬべき
　　わが身に似よや男子(をとこご)と、
　　空に躍るや、鯉のぼり。

3. 고이노보리

1 기와의 물결과 구름의 물결
　 겹쳐져 물결치는 공중을
　 홍귤 향내 나는 아침바람에
　 높이 높이 헤엄치네 고이노보리

2 크게 벌린 그 입으로
　 배라도 삼킬 듯이 보여서
　 힘차게 흔드는 꼬리는
　 세파에 흔들리지 않는 모습이어라

3 수많은 폭포를 올라가면
　 곧바로 용이 될텐데
　 "아이야, 나를 닮아라"고
　 하늘에서 춤추네 고이노보리

四　忠靈塔(ちゆうれいたふ)

一　勇士らは、生命をささげたり。
　　勇士らは、戰にうち勝てり。
　　そのみたま、ほほ笑みてここにあり。
　　いま仰ぐ忠靈の塔高し。

二　勇士らのあとをつぐわれらなり。
　　勇士らのいさをしをしのびつつ、
　　ふるひたち、戰に戰はん。
　　いまちかふ、忠靈の塔の前。

4. 충령탑

1 용사들은 목숨을 바쳤네
  용사들은 전투에서 승리했네
  그 영혼 미소 지며 여기에 있네
  지금 우러르는 충령탑 드높아라

2 용사들의 뒤를 이을 우리들이라네
  용사들의 숭고한 공로를 기리며
  분기하여 전투에 임하리라
  지금 맹세하노라 충령탑 앞에서

五　赤道越えて

一　もえる光と青い波、
　　波にをどるはふかの群。
　　海路はるかに白銀(しろがね)なして、
　　雲はむら立つ椰子(やし)の島。

二　來たぞ、スコール瀧(たき)しぶき。
　　あとは葉末に風鳴つて、
　　海はびろうど、なぎさはさらさ。
　　日ざしまばゆい島の晝。

三　いかりおろせば、寄りつどふ
　　笑顔明かるい人の群。
　　街(まち)にはためく日の丸見れば、
　　ここの港も大東亞。

5. 적도를 넘어서

1 불타는 태양과 푸른 파도
　물결에 춤추는 상어 떼
　바닷길 아득히 은백색 이루고
　뭉게구름 피어나는 야자나무 섬

2 내리네 스콜! 폭포물보라
　뒤이어 이파리에 바람 울어대고
　바다는 비로드 해변은 나염천
　햇빛 눈부신 한낮의 외딴 섬

3 닻을 내리니 밀려드는
　웃는 얼굴 해맑은 사람들
　거리에 펄럭이는 일장기 보니
　이곳 항구도 대동아로세

六　麥刈

一　麥はさらさら、黄金(こがね)の穂波、
　　さつと刈れ刈れ、じまんの腕に、
　　といだ利鎌(とがま)が、きらりと光る。

二　刈つて束ねて、山ほど積んで、
　　ことしや上作、大麥、小麥、
　　玉の汗から生まれた寶(たから)。

三　たすき鉢巻、きりりとしめて、
　　親子そろつて麥刈りあげりや、
　　森のかつこ鳥、かつこと鳴いた。

6. 보리베기

1 보리는 한들 한들 황금의 이삭 물결
  빨리 빨리 베어라 능숙한 솜씨로
  날선 낫이 번쩍 번쩍 빛나네

2 베고 묶어서 산처럼 쌓아서
  올해도 풍작이네 보리도 밀도
  구슬 같은 땀방울로 수확한 보물

3 어깨띠 머리띠 질끈 동여매고
  온 가족 모두 함께 보리베기 끝내니
  숲속의 뻐꾸기 뻐꾹 뻐꾹 우네

七　海

一　松原遠く消ゆるところ、
　　白帆の影は浮かぶ。
　　干網濱(はま)に高くして、
　　かもめは低く波に飛ぶ。
　　　　　　見よ、晝の海。
　　　　　　見よ、晝の海。

二　島山やみにしるきあたり、
　　いさり火(び)、光あはし。
　　寄る波岸にゆるくして、
　　浦風(うらかぜ)輕くいさご吹く、
　　　　　　見よ、夜の海。
　　　　　　見よ、夜の海。

7. 바다

1 소나무 벌판 멀리 아득한 곳
　하얀 돛단배 떠 있네
　해변에 그물 높이 말리고
　갈매기는 파도 위를 낮게 나는구나
　　보아라 한낮의 바다
　　보아라 한낮의 바다

2 섬의 산 그늘에 희미한 곳
　고깃배 등불 희미하네
　밀려오는 파도 해변에 부드럽고
　갯바람 가볍게 모래를 스치네
　　보아라 한밤의 바다
　　보아라 한밤의 바다

八　戰友

一　草むすかばね大君の
　　しこのみたてと出でたちて、
　　鐵火のあらし、彈の雨、
　　くぐりて進むきみとわれ。

二　死なば同じ日、同じ時。
　　おくれさきだつことあらば、
　　骨ひつさげて突撃と、
　　ちかひかはししきみとわれ。

三　御稜威(みいつ)あまねき大東亞、
　　朝日の御旗行くところ、
　　あたなす敵のあるかぎり、
　　撃ちてしやまん、きみとわれ。

8. 전우

1 잡초 무성한 시체 천황의
　방패로 출정하여서
　거세게 빗발치는 총탄
　뚫고 나아가는 너와 나

2 죽는다면 한날 한시에
　함께 하지 못하고 먼저 죽는다면
　유골을 들고 돌격하겠다고
　맹세를 주고받은 너와 나

3 천황의 위광 두루 미친 대동아
　일장기 깃발이 가는 곳
　원수 같은 적이 있는 한
　무찌르고 말리라 너와 나

九　揚子江(やうすかう)

水は滿々、流れは洋々、
わたつみか、岸べも見えず。
この流れ、晝夜をすてず、
大陸の沃野(よくや)　うるほし、
水は滿々、流れは洋々。
滔(たう)々洋々　滔々洋々。

9. 양자강

강물은 넘실 넘실 물줄기는 끝없네
바다처럼 기슭도 보이지 않고
이 물줄기는 밤낮을 쉬지 않고
대륙의 옥토 윤택하게 해 주네
강물은 넘실 넘실 물줄기는 끝없네
도도하고 양양하게, 도도하고 양양하게

十　大東亞

一　椰子(やし)の葉に鳴る海の風。
　　峯にきらめく山の雪。
　　南十字と北斗星、
　　連ねて廣き大東亞。

二　ここに生まれし十億(おく)の
　　人の心はみな一つ。
　　盟主(めいしゆ)日本の旗のもと、
　　ちかひて守る鐵の陣。

三　空は晴れたり、あかつきの
　　光あふるる四方(よも)の海、
　　みなはらからとむつみあひ、
　　こぞりて築け、大東亞。

10. 대동아

1 야자잎에 우는 바닷바람
　봉우리에 빛나는 산의 눈
　남십자성과 북두칠성
　연결된 드넓은 대동아

2 여기서 태어난 10억 인의
　사람들 마음은 모두 하나
　맹주 일본의 깃발 아래
　맹세하며 수호하는 철통 같은 진지

3 하늘은 맑고, 여명의
　광명 넘치는 사해(四海)
　다같은 동포로 서로 다정하게
　모두 함께 구축하세 대동아

十一　牧場(まきば)の朝

一　ただ一面に立ちこめた
　　牧場の朝のきりの海。
　　ポプラ並木のうつすりと
　　黒い底から、勇ましく
　　鐘が鳴る鳴る、かんかんと。

二　もう起き出した小屋小屋の
　　あたりに高い人の聲。
　　きりに包まれ、あちこちに、
　　動くひつじのいく群の
　　鈴(すず)が鳴る鳴る、りんりんと。

三　今さしのぼる日の影に
　　ゆめからさめた森や山。
　　あかい光に染められた
　　遠い野末に、牧童(ぼくどう)の
　　笛が鳴る鳴る、ぴいぴいと。

11. 목장의 아침

1 온통 자욱하게 낀
  목장의 아침 안개바다
  포플러 가로수의 희미한
  검은 바닥에서 힘차게
  종소리 울리네 울려 땡－ 땡－

2 벌써 일어나기 시작한 축사들
  주변 사람들의 큰소리
  안개에 둘러싸여 여기저기서
  움직이는 양 떼들의
  방울소리 울리네 울려 딸랑 딸랑

3 이제 막 솟아오른 햇빛에
  꿈에서 깨어난 산과 숲
  붉은빛으로 물든
  먼 들판 끝에 목동의
  피리소리 울리네 울려 삐리리－ 삐리리－

十二　聖徳(しやうとく)太子

一　みまつりごとを耳さとく
　　きこしめしつる朝(あした)より、
　　日出づる國は、新しき
　　光みちけり、野に、山に。

二　この世の春の夢殿(ゆめどの)は、
　　雲こそ早くとざしつれ。
　　富(とみ)の緒川(をがは)の法(のり)の水、
　　流れて盡きず、とこしへに。

三　千年八千年(ちとせやちとせ)、道々の
　　祖(おや)としあがめ、うやまひて、
　　ひじりの皇子(みこ)のみめぐみを
　　たたへ仰がん、もろともに。

12. 쇼토쿠(聖德) 태자

1 다스리라는 것을 듣고 깨달아
　일찍이 들으신 때부터
　해 뜨는 나라는 새롭게
　광명이 넘치노라 산에도 들에도

2 나라의 기틀을 세운 유메도노[4]는
　일찍이 구름에 갇혔다네
　도미노오가와[5]의 불법(佛法)의 물결
　끝없이 흐르네 영원히

3 천 년 만 년 여러 곳의
　시조로 우러러 공경하고
　성인 태자의 은혜를
　떠받들리라 모두 다함께

4 **유메도노**(夢殿) : 나라현(奈良県) 소재 호류지(法隆寺) 동원(東院)의 본
　당. 739년 유키노부(行信)가 건립했다고 전해 진 쇼토쿠 태자(聖德太子)
　의 팔각원당(八角円堂)형의 궁전이다. 쇼토쿠 태자의 꿈에 金人이 나타
　나 교시(敎示)하였다는 전설에 근거하여 '유메도노'라 불리게 되었다.
5 **도미노오가와**(富の緒川) : 나라현(奈良県) 이고마군(生駒郡) 이카루카초
　(斑鳩町)를 남서로 흐르는 도미오가와(富緒川)의 옛 이름

十三　橘(たちばな)中佐

一　かばねは積りて山を築(つ)き、
　　血潮は流れて川をなす、
　　修羅(しゆら)のちまたか、向陽寺(しやおんずい)。
　　　雲間をもるる月青し。

二　「みかたは大方うたれたり、
　　しばらくここを。」といさむれど、
　　「恥を思へや、つはものよ。
　　　死すべき時は今なるぞ。

三　御國のためなり、陸軍の
　　名譽(めいよ)のためぞ。」とさとしたる
　　ことば半(なか)ばに散りはてし
　　　花橘ぞ、かぐはしき。

13. 다치바나 중령

1 시체는 쌓여서 산을 이루고
　선혈은 흘러서 강을 이루네
　지옥의 아수라장인가 샤온즈이6
　　구름 사이로 흐르는 달빛 푸르구나

2 "아군은 대부분 공격 당했으니
　잠시 동안 여기를 후퇴하라"고 충고했지만
　"수치스럽게 생각하라 병사들이여!
　　죽어야 할 때는 바로 지금이로다

3 황국을 위함이고, 육군의
　명예를 위함"이라 일깨워 준
　말씀 중에 산화한
　　꽃다운 다치바나 중령7이여 존엄하도다

6 **샤온즈이**(向陽寺) : 중국 요양(遼陽)성 심양(沈陽)시에 소재한 절
7 **다치바나 슈타**(橘周太, 1865~1904) : 러일전쟁 당시 육군장교로 요양
　(遼陽)전투에서 참전하여 전사하였다. 전사 후 바로 육군보병중령으로 진
　급하고, 勳4等 욱일고수장(旭日小綬章) 및 금치훈장(金鵄勳章)을 수여받
　았다. 훗날 군신(軍神)으로 추앙되어 태평양전쟁기 황군의 모범적 인물
　로 재조명되었다.

十四　紅葉

一　秋の夕日に照る山紅葉、
　　濃いも薄いも、數ある中に、
　　松をいろどる楓(かへで)や蔦(つた)は、
　　山のふもとの裾模様(すそもやう)。

二　渓(たに)の流れに散り浮く紅葉、
　　波にゆられて、離れて寄つて、
　　赤や黄色の色さまざまに、
　　水の上にも織る錦。

14. 단풍

1 가을 석양에 비치는 산단풍
　진한 것도 연한 것도 가지 가지 중에서
　소나무를 단장하는 단풍나무와 담쟁이는
　산기슭의 옷자락 무늬

2 흐르는 계곡물에 떨어져 떠 있는 단풍
　물결에 흔들리어 흩어졌다 모였다
　빨강 노랑 가지각색으로
　물 위에서도 짜여진 비단

十五　捕鯨船(ほげいせん)

一　すはこそえ物、のがすな撃てと、
　　すつくと立つた砲手の姿。
　　ねらひははるか、潮吹く鯨(くぢら)。
　　　うねる大波、あふむくへさき。

二　矢よりも速く飛び行くもりが、
　　はつしと立てば、しぶきをあげて、
　　綱(つな)も切れよと逃げ行く鯨。
　　　船はゆれゆれ、白波をどる。

三　怒濤(どたう)をけつて、おひ撃つ鯨。
　　高鳴る血潮、とどろく凱歌(がいか)。
　　氷山(ひようざん)浮かぶ南極海の
　　　風に日の丸はたはたゆれる。

15. 고래잡이 배

1 어영차 사냥감 놓치지 마라 쏘아라
  벌떡 일어선 포수의 모습
  목표는 아득히 바닷물 뿜어내는 고래
    너울거리는 큰 파도 하늘 향한 뱃머리

2 화살보다도 빨리 날아가는 작살이
  탁 꽂히니 물보라를 일으키고
  밧줄도 끊을 듯이 도망가는 고래
    배는 흔들 흔들 하얀 파도 춤춘다

3 성난 파도 헤치며 뒤쫓는 고래
  솟구치는 피물결 울려 퍼지는 함성
  빙산에 떠오르는 남극해의
    바람에 일장기 펄럭 펄럭 나부낀다

十六　空の勇士

一　高射砲彈さくれつし、
　　雲にとどろく、明けの空。
　　機翼連ねて、かんぜんと、
　　空を壓(あつ)して突き入れば、
　　うづまきさわぐ敵の基地。

二　いどみ來る敵、引きつけて、
　　うつや、猛射の腕さえて、
　　焔(ほのほ)吹きつつ落ちて行く
　　敵機たちまち九機、十機、
　　ましたにゑがく火のはしら。

三　群がる敵機けちらして、
　　せまる勇士が、いういうと
　　ねらひたがはぬ爆撃に、
　　こつぱみぢんの敵の陣。
　　見る間におほふ、黑煙。

16. 하늘의 용사

1 고사포탄 작렬하여
　구름에 울려 퍼지는 새벽하늘
　비행기 줄지어 용맹스럽게
　하늘을 제압하며 돌진하니
　혼비백산 허둥대는 적의 기지

2 덤벼드는 적 유인하여
　쏘노라 사격 솜씨 발휘하니
　화염을 뿜으며 떨어져 가는
　적기 순식간에 아홉 대 열 대
　수직으로 그려지는 불기둥

3 떼 지어오는 몰려오는 적기 쫓아버리고
　돌진하는 용사가 여유 있게
　목표물 정조준한 폭격으로
　산산조각난 적의 진지
　순식간에 뒤덮인 검은 연기

四　今ぞ殲滅(せんめつ)、聲もなく
　　敵地脚下(きやくか)にひれ伏すを、
　　見つつくわんじと、かちどきの
　　機首をかへせば、東天に
　　輝きのぼる朝日影。

4 이때다 섬멸 소리도 없이
  적의 진지 발 아래 항복하는 것을
  보고 미소 지며 개가의
  기수를 돌리니, 동쪽 하늘에
  찬란하게 떠오르는 아침 햇살

十七　母の歌

一　母こそは、命のいづみ。
　　いとし子を胸にいだきて、
　　ほほ笑めり、若やかに。
　　　うるはしきかな、母の姿。

二　母こそは、み國の力。
　　をの子らをいくさの庭に
　　遠くやり、心勇む。
　　　ををしきかな、母の姿。

三　母こそは、千年(ちとせ)の光。
　　人の世のあらんかぎり、
　　地にはゆる天つ日なり。
　　　大いなるかな、母の姿。

17. 어머니의 노래

1 어머니야말로 생명의 샘
　소중한 자식을 품에 안고
　미소 지으며 생기 있게
　　아름답도다 어머니의 모습

2 어머니야말로 황국의 힘
　아들들을 전쟁터에
　멀리 보낸 용기여
　　용감하도다 어머니의 모습

3 어머니야말로 영원한 빛
　이 세상이 존재하는 한
　대지에 빛나는 하늘의 태양이어라
　　거룩하도다 어머니의 모습

十八　冬景色(げしき)

一　さぎり消ゆる港江(みなとえ)の
　　舟に白し、朝のしも。
　　　ただ水鳥の聲はして、
　　　いまだ さめず、岸の家。

二　からす鳴きて木に高く、
　　人は畑(はた)に麥をふむ。
　　　げに小春日ののどけしや。
　　　かへり咲きの花も見ゆ。

三　あらし吹きて雲は落ち、
　　時雨(しぐれ)降りて日は暮れぬ。
　　　もしともし火のもれ來ずば、
　　　それとわかじ、野べの里。

18. 겨울풍경

1 안개 걷힌 포구
  배에 하얀 아침 서리
    오직 물새 우는 소리만
    아직 깨지 않은 강변의 집

2 까마귀 울고 있네 높은 나무에서
  사람들은 밭에서 보리를 밟는다
    실로 따뜻한 초겨울 평온함이여
    때 늦은 꽃도 보이구나

3 폭풍우 불어오니 구름은 떨어지고
  겨울비 내리고 날은 저무네
    등불마저 새어나오지 않았다면
    전혀 알 수 없었을 것을, 들판의 외딴 집

十九　小楠公(せうなんこう)

一　梅雨(つゆ)の晴れ間の櫻井に、
　　別れし父の面影(おもかげ)を、
　　しのべば悲し、十一の
　　楠(くす)の一本、なほ若し。

二　母のさとしを身にしめて、
　　かをりも清き楠木(くすのき)や、
　　河内(かはち)の里に十餘年、
　　今はこずゑに風高し。

19. 쇼난코[8]

1 장마가 갠 사쿠라이(櫻井)[9]에서
  헤어진 아버지의 모습을
  생각하니 슬프도다 11살의
  녹나무 한 그루 아직 어리구나

2 어머니의 가르침 몸에 익히고
  향기도 신선한 녹나무여라
  가와치(河內)[10] 마을에서 십여 년
  지금은 가지 끝에 바람만 차도다

8 **쇼난코**(小楠公) : 남북조시대(南北朝時代)의 무장 구스노키 마사쓰라(楠
  木正行)의 별칭. 아명은 마사요리(正之)이다. 아버지 구스노키 마사시
  게(楠木正成)의 뜻을 받들어 아시카가 다카우치(足利尊氏)와의 전투에
  참여하였으며, 아버지의 사후(死後) 남조군의 장수로서 활약하다가 시
  조나와테(四条畷)에서 고노모로나오(高師直)의 대군과의 싸움에서 패
  하여 자결하였다. 메이지 이후 이들의 천황가에 대한 충성이 재조명되
  었는데, 아버지 구스노키 마사시게가 다이난코(大楠公), 아들 마사쓰라
  는 쇼난코(小楠公)로 불리게 되었다.
9 **사쿠라이**(櫻井) : 현재 오사카(大阪) 미시마군(三島郡) 시마모토초(島本
  町)의 옛 지명. 구스노키 마사시게(楠木正成)와 구스노키 마사쓰라(楠
  木正行) 부자가 결별한 사적이 남아 있다.
10 **가와치**(河內) : 현재의 오사카 시조나와테시(四條畷市) 지역으로, 구스
  노키 마사시게가 이 곳 가와치(河內)마을의 호족(豪族)이었다.

三　汝(なれ)を股肱(ここう)とのたまひし、
　　玉のみ聲の身にしみて、
　　覺悟は強きあづさ弓、
　　生きて歸らじ、この門出(かどで)。

四　いくさ利あらず、矢は盡きて、
　　四條畷(なはて)に、ををしくも
　　花とは散れど、永(なが)き世に
　　光りかがやく、そのいさを。

3 "그대를 심복으로 하겠네" 라 말씀[11]하셨던
　천황의 말씀 몸에 새기며
　각오는 강하게 가래나무활
　살아서 돌아오지 않으리 이 출정을

4 전투는 불리하고 화살은 떨어지고
　시조나와테(四条畷)에서 용감하게
　산화하여도 긴긴 세월에
　빛나리 그 공적은

11 구스노키 마사쓰라(楠木正行)가 결전(決戰) 직전에 동생(正時)을 비롯
　한 가족들을 데리고 요시노(吉野)로 올라가 천황을 배알하고 마지막
　고별인사를 아뢸 때 천황이 마사쓰라를 가까이 불러 "그대를 심복으로
　하겠네. 최선을 다해 주시게(汝を以て股肱とす。慎んで命を全うすべし)"
　라는 말을 하였다고 전해진다.

二十　白衣の勤め

一　白衣の勤め、をとめにあれど、
　　軍(いくさ)の庭にををしく出でて、
　　勇士まもらん、御國のために。

二　御楯(みたて)とたちてたたかふ軍、
　　痛まし、君が深手をみとり、
　　巻くは白たへ、眞心こめて。

三　敵(かたき)にあれど、重手と見れば、
　　いたはる心に二つはあらず、
　　見よや、日本の十字の赤さ。

四　病院船は勇士を送り、
　　故國の山河、近づく日々も、
　　みとる誠(まこと)のただ一すぢに。

20. 백의(白衣)의 본분

1 백의의 본분 소녀이지만
  전장터에 용감하게 나아가
  용사를 지키리 황국을 위해

2 황군으로 출정하여 싸우는 전투
  측은하여라, 그대의 깊은 상처를 치료하고
  감는 것은 하얀 붕대 진심을 담아

3 적일지라도 중상일 경우
  자애로운 마음에 둘은 없어라
  보아라 일본의 적십자

4 병원선(病院船)은 용사를 싣고
  고국의 산하 가까워지는 그날들도
  치료하는 성심은 오직 한줄기

二十一　桃山

一　麻(あさ)と亂れし戰國の
　　武將をしづめ、したがへて
　　ともにことほぐ御代の春、
　　聚樂(じゆらく)の第(てい)の花の宴(えん)。

二　起(た)てば、百萬海を越え、
　　歸れば、文化花と咲く。
　　ありし昔を今ここに、
　　國威はあがる大アジヤ。

21. 모모야마[12]

1 난마같이 어지러운 전국(戰國)의
　무장을 진압시키고 정복하여
　다함께 축하하는 천황치세의 봄
　주라쿠다이[13]의 꽃의 향연

2 출전하여 멀고 먼 바다를 건너
　돌아와서 문화의 꽃으로 피웠네
　그 옛날의 영광을 지금 여기에
　국위를 떨치는 대아시아

12 **모모야마시대(1573~1603)** : 오다 노부나가(織田信長)와 그의 후계자인 도요토미 히데요시(豊臣秀吉)에 의해 정치적 통합을 이룬 시대로, 오다 노부나가의 城 '아즈치'와, 히데요시의 城 '모모야마'에서 유래하여 '아즈치모모야마시대' 라고도 한다. 이전의 무로마치(室町)시대(1338~1573)가 검소하고 절제 있는 시대인데 비해 모모야마시대는 호방하고 화려한 문화를 꽃피운 시대이다. 1603년 도쿠가와 이에야스(德川家康)에 의해 모모야마시대는 막을 내리게 된다.

13 **주라쿠다이(聚樂第)** : 아즈치모모야마시대에 도요토미 히데요시가 교토에 지은 대저택으로, 주라쿠정(聚樂亭) 또는 주라쿠성(聚樂城)으로도 불린다. 다이(第)는 원래 저택이라는 의미지만, 주위를 해자로 둘러서 방어하는 일본식 성(城)의 특징도 갖추고 있다. 1591년 12월 히데요시가 간파쿠(関白)직을 조카인 도요토미 히데쓰구에게 물려주면서 주라쿠다이는 히데쓰구의 거처가 되었다. 1594년 도요토미 히데요시는 후시미성 축성을 착수하였는데, 이듬해 히데쓰구에게 할복을 명하고 주라쿠다이는 철거시킨다. 그리고 히데요시는 주라쿠다이의 건물 대부분을 후시미성으로 옮겨 쓰도록 하였다.

二十二　山本元帥

一　身はこれ常に戰場に
　　ありとの敎へ、つぐところ、
　　悠久(いうきう)山下、雪きよく、
　　元帥ここに生ひ立てり。

二　みくにの興廢一戰に
　　かけて戰ふ日本海。
　　散りてかをれの戒めに、
　　そそぐ14血潮のりりしさよ。

三　來る日の海の戰に、
　　備へて築く空の陣。
　　いでてかへらぬ荒鷲を
　　涙で待てば、さよあらし。

14 そそぐ의 오자로 추정됨.

22. 야마모토 원수[15]

1 "몸은 항상 전쟁터에
　있으라"는 가르침 이어받아
　유구한 산 아래 백설은 정결한데
　원수는 여기서 태어나 자랐다네

2 황국의 흥망이 달린 일전(一戰)에
　걸고 싸우는 일본해
　산화하여 빛내라는 훈계에
　내뿜는 혈기의 늠름함이여

3 미래의 해전에
　대비하여 구축한 하늘 진지
　출전하여 돌아오지 않는 전투기를
　눈물로 기다리니 어둔 밤 폭풍 몰아치네

15　**야마모토 이소로쿠**(山本五十六, 1884~1943) : 일본 해군대장, 원수(元帥). 태평양전쟁 당시 연합함대사령관으로 해군을 진두지휘하던 중 솔로몬제도 부겐빌섬 부근에서 미군 항공대의 격추를 받아 전사하였다.

四　米英討てのおほみこと、
　　かしこみゆくや、太平洋。
　　無敵艦隊ひつさげて、
　　たちまちほふる敵主力。

五　身を陣頭にさきだてて、
　　ああ南海の空のはて、
　　雲紅(くれなゐ)にそめて散る
　　武人のかがみ、軍神(いくさがみ)。

4 미국 영국을 치라는 천황의 말씀
  삼가 받들어 나아가네 태평양
  무적함대 거느리고
  바로 섬멸하네 적 주력함대

5 몸은 진두에 앞장서서
  아아 남태평양 하늘 끝
  선홍빛 구름에 물들어 산화하는
  무인의 귀감 군신이여

發行所　朝鮮書籍印刷株式會社
京城府龍山區大島町三十八番地

代表者　諏訪　鑛

翻刻印刷者
翻刻發行者　朝鮮書籍印刷株式會社
京城府龍山區大島町三十八番地

著作權所有
發行者
著作兼　朝鮮總督府

昭和十九年三月二十八日翻刻發行
昭和十九年三月二十五日翻刻印刷

定價金二十錢

初等音樂五年　あ

『初等音樂』

第六學年

初等音樂

第六學年

朝鮮總督府

『初等音樂』 第六學年
『초등음악』 제6학년

目錄(목록)

君が代 ······· 366
기미가요 ······· 367
勅語奉答 ······· 368
칙어봉답 ······· 369
天長節 ······· 370
천장절 ······· 371
明治節 ······· 372
메이지절 ······· 373
一月一日 ······· 374
1월 1일(설날) ······· 375
紀元節 ······· 376
기원절 ······· 377
明治天皇御製 ······· 380
메이지 천황 지음 ······· 381
一　敷島の ······· 382
　　일본 ······· 383
二　おぼろ月夜 ······· 384
　　으스름한 달밤 ······· 385
三　姉 ······· 386
　　누이 ······· 387
四　日本海海戰 ······· 388
　　일본해해전 ······· 389
五　晴れ間 ······· 392
　　비 갠 사이 ······· 393
六　四季の雨 ······· 394
　　사계절의 비 ······· 395
七　われは海の子 ······· 396
　　나는 바다의 아들 ······· 397

八	滿洲のひろ野	400
	만주 광야	401
九	肇國の歌	402
	건국의 노래	403
十	體鍊の歌	406
	체력단련의 노래	407
十一	落下傘部隊	408
	낙하산부대	409
十二	御民われ	410
	신민된 우리	411
十三	金剛山	412
	금강산	413
十四	渡り鳥	414
	철새	415
十五	船出	416
	출항	417
十六	今日よりは	418
	오늘부터는	419
十七	少年産業戰士	420
	소년산업전사	421
十八	水師營の會見	422
	수사영의 회견	423
十九	早春	428
	이른 봄	429
二十	日本刀	430
	일본도	431
二十一	太平洋	432
	태평양	433
二十二	アジヤの光	434
	아시아의 빛	435

君が代

君が代は、
ちよにやちよに、
さざれ石の、
いはほとなりて、
こけのむすまで。

기미가요

천황의 성대는
천대만대에 걸쳐
조약돌이
바위가 되고
이끼가 낄 때까지

勅語奉答

あやにかしこき　すめらぎの、
あやにたふとき　すめらぎの、
あやにたふとく、　かしこくも、
下したまへり、　大みこと。
これぞめでたき　日の本の
國の教の　もとゐなる。
これぞめでたき　日の本の
人の教の　かがみなる。
あやにかしこき　すめらぎの
みことのままに　いそしみて、
あやにたふとき　すめらぎの
大御心に　答へまつらん。

칙어봉답

비할 데 없이 황공한 천황폐하의
비할 데 없이 고귀하신 천황폐하의
한없이 존귀하고 황공하옵게도
하사하신 대칙어
이야말로 경하스런 대일본의
국민교화의 근간이어라.
이야말로 경하스런 대일본의
인간교육의 귀감이어라
한없이 황공스런 천황폐하의
칙어의 말씀대로 노력하여
한없이 고귀한 천황폐하의
크신 성은에 보답하리라

天長節

今日のよき日は、　　大君の
うまれたまひし　　　よき日なり。
今日のよき日は、　　みひかりの
さし出たまひし　　　よき日なり。
ひかりあまねき　　　君が代を
いはへ　もろ人　　　もろともに。
めぐみあまねき　　　君が代を
いはへ　もろ人　　　もろともに。

천장절

오늘같이 좋은 날은   천황폐하가
이 세상에 탄생하신   좋은 날이라
오늘같이 좋은 날은   서광이
비추기 시작하는   좋은 날이라
온누리에 비치는   천황 치세를
경축하라 모든 이여   모두 다함께
온누리에 미친 은혜   천황 치세를
경축하라 모든 이여   모두 다함께

明治節

一　アジヤの東日出づるところ、
　　ひじりの君のあらはれまして、
　　古きあめつちとざせるきりを、
　　大御光にくまなくはらひ、
　　教あまねく、道明らけく、
　　治めたまへる御代たふと。

二　惠の波は八洲に餘り、
　　みいつの風は海原越えて、
　　神のよさせるみわざをひろめ、
　　民の榮行く力をのばし、
　　とつ國國のふみにも、しるく
　　とどめたまへる御名かしこ。

三　秋の空すみ、菊の香高き、
　　今日のよき日を皆ことほぎて、
　　定めましけるみのりをあがめ、
　　さとしましけるみことを守り、
　　代代木の森の代代とこしへに
　　仰ぎまつらん、大みかど。

메이지절

1 아시아의 동쪽 해 뜨는 곳
  현인신(現人神) 천황이 나타나시어
  오랫동안 천지를 가린 안개를
  거룩한 빛으로 구석 구석 비추어
  가르침 온 땅에 도를 밝히시어
  다스리신 천황의 치세 존엄하여라

2 은혜의 물결은 온 땅에 넘치고
  천황 위광의 은혜는 사해에 넘쳐서
  모든 이가 의지하는 신의 위업을 넓히고
  만백성이 번성해 가는 힘을 펼쳐
  다른 나라들의 역사에도 기록되어
  남겨지는 그 이름 황공하여라

3 가을 하늘 청명하고 국화향기 드높은데
  오늘같이 좋은 날을 모두 축복하고
  정해진 제국헌법을 숭상하여
  깨달음 주시는 칙어를 준수하여
  요요기숲이 세세에 영원토록
  받들어 모시자 메이지 천황을!

一月一日

第一章

年のはじめの　ためしとて、
終なき世の　めでたさを、
松竹たてて、かどごとに
いはふ今日こそ　たのしけれ。

第二章

初日のひかり　さしいでて、
よもにかがやく　今朝のそら、
君がみかげに　たぐへつつ
仰ぎ見るこそ　たふとけれ。

1월 1일(설날)

제1장

한해 시작하는　징표
무궁한 치세의　경사를
가도마쓰 세우네　집집마다
축하하는 오늘이야　즐겨나 보세

제2장

새해 아침 햇살　내리비치고
천지에 빛나는　새해 아침 하늘
폐하의 은덕에　비할 바 없네
우러러 볼 수록　거룩하여라

紀元節

第一章
雲にそびゆる高千穂の
高根おろしに、草も、木も、
なびきふしけん大御世を
仰ぐ今日こそ樂しけれ。

第二章
海原なせるはにやすの
池のおもよりなほひろき
めぐみの波にあみし世を
仰ぐ今日こそ樂しけれ。

第三章
あまつひつぎの高みくら、
千代よろづよに動きなき
もとゐ定めしそのかみを
仰ぐ今日こそ樂しけれ。

기원절

제1장

구름에 솟아오른 다카치호의
재 넘어 부는 바람에 풀도 나무도
나부껴 엎드리는 천황의 치세를
우러르는 오늘이야말로 즐거워라

제2장

넓디 넓은 창해 하니야스의
연못보다 더욱 드넓은
은혜의 물결로 뒤덮인 치세를
우러르는 오늘이야말로 즐거워라

제3장

하늘에서 정해져 이어온 천황의 옥좌
천대만대 영원토록 불변할
근간을 정하신 시조신을
우러르는 오늘이야말로 즐거워라

第四章
空にかがやく日のもとの、
よろづの國にたぐひなき
國のみはしらたてし世を
仰ぐ今日こそ樂しけれ。

제4장

하늘에 빛나는 태양 아래
온 세상에 비할 데 없는
나라의 기둥을 세우신 치세를
우러르는 오늘이야말로 즐거워라

明治天皇御製

一　さしのぼる朝日のごとく
　　　さわやかにもたまほしきは
　　　心なりけり

二　あさみどり澄みわたりたる
　　　大空の廣きをおのが
　　　心ともがな

메이지 천황 지음

1 떠오르는 아침해처럼
   상쾌하게 갖고 싶은 것은
   마음일지라

2 연푸르게 끝없이 맑은
   큰 하늘의 넓이는 우리들의
   마음이고 싶어라

一　敷島の

敷島の
やまと心を人問はば
朝日ににほふ、
山ざくら花

1. 일본(敷島)[1]

일본
일본정신을 묻는다면
아침해에 빛나는
산에 핀 벚꽃

---

1 **시키시마(敷島)** : 일본의 옛 국호의 하나, 스진천황(崇神天皇)의 황궁이
있던 지역 시키(磯城)에서 유래하였다.

二　おぼろ月夜

一　菜(な)の花畠に
　　入日薄れ、
　　見わたす山の端
　　かすみ深し。
　　春風そよ吹く
　　空を見れば、
　　夕月かかりて
　　にほひあはし。

二　里わの火影(ほかげ)も、
　　森の色も、
　　田中の小路を
　　たどる人も、
　　蛙(かはづ)のなくねも、
　　鐘の音も、
　　さながらかすめる
　　おぼろ月夜。

2. 으스름한 달밤

1 유채꽃밭에
  석양은 희미해지고
  멀리 보이는 산자락
  안개가 자욱하네
  봄바람 산들 부는
  하늘을 보니
  초저녁달 걸려 있고
  향기가 은은하네

2 마을 어귀의 불빛도
  숲의 음영도
  논 가운데 논길
  걷는 사람도
  개구리 우는 소리도
  종소리도
  온통 흐릿한
  으스름한 달밤

三　姉

一　わが家(や)に咲き出し白百合(しらゆり)の
　　やさしき姉の、とつぎ行く
　　めでたき日なれど、などかくも
　　さびしさこもるあかね雲。

二　わが家にかをりし白菊の
　　ゆかしき姉の、とつぎ行く
　　うれしき日なれど、などかくも
　　こよひはうるむ空の星。

3. 누이

1 우리집에 갓 피어난 흰 백합 같은
  아름다운 누이가 시집을 가네
  경사스런 날인데 왠지 모르게
  쓸쓸함 가득한 검붉은 구름

2 우리집에 향기로운 흰 국화처럼
  고상한 누이가 시집을 가네
  기쁜 날인데 왠지 모르게
  오늘 밤은 이슬 맺힌 하늘의 별

四　日本海海戰

一　敵艦見えたり、近づきたり。
　　『皇國(みくに)の興廢(こうはい)ただこの一擧。
　　各員奮勵(ふんれい)努力せよ。』と、
　　旗艦のほばしら信號あがる。
　　み空は晴るれど風立ちて、
　　對馬(つしま)の沖に波高し。

二　主力艦隊前をおさへ、
　　巡洋艦隊後にせまり、
　　袋のねずみと圍み撃てば、
　　見る見る敵艦亂れ散るを、
　　水雷艇隊・驅逐隊、
　　のがしはせじと追ひて撃つ。

4. 일본해해전[2]

1 "적함이 보인다 다가온다
　황국의 흥망 바로 이 한 판.
　각자 혼신 다해서 분발하라"고
　기함(旗艦)의 돛대에 신호 오른다
　하늘은 맑은데 바람이 일어
　쓰시마(對馬) 앞바다에 파도가 높다

2 주력함대 앞을 차단하고
　순양함대 뒤에서 추격하여
　포위하여 사격하니
　순식간에 적함 흐트러지는 것을
　수뢰정부대, 구축부대
　놓칠쏘냐 뒤쫓아 공격하네

2 **일본해해전**(日本海海戰) : 러일전쟁 막바지인 1905년 5월 27일~28일에 걸쳐 쓰시마(対馬) 앞바다에서 벌어진 대규모의 해전. 군비를 증강한 러시아의 발트함대가 블라디보스톡으로 가기 위해 쓰시마 앞바다를 통과한다는 정보를 입수한 도고 헤이하치로(東郷平八郎) 해군 사령관이 연합함대를 이끌고 대기하고 있다가 총공격하여 거대한 발트함대를 침몰시켜 러일전쟁을 일본의 승리로 이끄는 데 결정적인 역할을 하였다.

三　東天赤らみ、夜ざり晴れて、
　　旭日(きよくじつ)かがやく日本海上。
　　今はやのがるるすべもなくて、
　　撃たれて沈むも、降るもあり、
　　敵國艦隊全滅す。
　　帝國萬歳、萬萬歳。

3 동녘 하늘 밝아지고 밤안개 걷히고
　욱일승천하는 일본해상(日本海上)
　이제는 어찌 피할 수도 없어
　격침당해 침몰하고 항복하여
　적함대 전멸하네
　일본제국 만세 만만세

五　晴れ間

一　さみだれの晴れ間うれしく、
　　野に立てば野はかがやきて、
　　　白雲を通す日影に、
　　　はや夏の暑さをおぼゆ。

二　行く水は少しにごれど、
　　せせらぎの音もまさりて、
　　　よろこびを歌ふがごとく、
　　　行くわれを迎ふるごとし。

三　田園のつづく限りは、
　　植ゑわたす早苗(さなへ)のみどり。
　　　山遠く心はるばる
　　　天地の大いなるかな。

四　ふと見れば、道のほとりに、
　　つつましき姿を見せて
　　　濃きるりの色あざやかに、
　　　咲くものは露草の花。

5. 비 갠 사이

1 장맛비 개인 사이 반가움에
　들판에 서니 들은 반짝이네
　　하얀 구름 지나온 햇빛에
　　벌써 여름 더위를 떠올리네

2 흐르는 물은 조금 흐려졌어도
　시냇물소리도 세차구나
　　기쁨을 노래하듯이
　　지나가는 우리를 맞아주듯이

3 전원이 이어지는 끝까지
　드넓게 심어진 볏모의 푸르름
　　머언 산 마음 아득히
　　천지의 위대함이런가

4 언뜻 바라보니 길가에
　얌전한 자태를 보이며
　　짙푸른 빛깔로 선명하게
　　피어 있는 것은 달개비꽃

六　四季(き)の雨

一　降るとも見えじ、春の雨、
　　水に輪をかく波なくば、
　　けぶるとばかり思はせて。
　　降るとも見えじ、春の雨。

二　にはかに過ぐる夏の雨、
　　物ほし竿に、白露を
　　なごりとしばし走らせて。
　　にはかに過ぐる夏の雨。

三　をりをりそそぐ秋の雨、
　　木(こ)の葉、木(こ)の實を野に、山に、
　　色さまざまに染めなして。
　　をりをりそそぐ秋の雨。

四　聞くだに寒き冬の雨、
　　窓の小笹(をざさ)にさやさやと
　　ふけ行く夜半(よは)をおとづれて。
　　聞くだに寒き冬の雨。

6. 사계절의 비

1 내려도 보이지 않네 봄비
　물에 동그라미 그린 물결 없으면
　뿌옇다고만 생각될 것을
　내려도 보이지 않네 봄비

2 갑작스레 지나가는 여름비
　빨래줄 바지랑대에 하얀 이슬을
　여운으로 살짝 달리게 하네
　갑작스레 지나가는 여름비

3 이따금 내리는 가을비
　나뭇잎 나무열매를 산에 들에
　온갖 빛깔로 물들게 하네
　이따금 내리는 가을비

4 듣기만 하여도 추운 겨울비
　창밖 조릿대에 사라락 사라락
　깊어가는 겨울밤을 찾아오누나
　듣기만 하여도 추운 겨울비

七　われは海の子

一　われは海の子、白波の
　　さわぐいそべの松原に、
　　煙たなびくとまやこそ、
　　わがなつかしき住みかなれ。

二　生まれて潮にゆあみして、
　　波を子守の歌と聞き、
　　千里寄せくる海の氣を
　　吸ひて童となりにけり。

三　高く鼻つくいその香に、
　　不斷(ふだん)の花のかをりあり。
　　なぎさの松に吹く風を、
　　いみじき樂とわれは聞く。

四　丈餘のろかいあやつりて、
　　ゆくて定めぬ波まくら、
　　ももひろちひろ海の底、
　　遊びなれたる庭廣し。

7. 나는 바다의 사내아이

1 나는 바다의 사내아이 하얀 파도가
   철석이는 해변의 솔밭에
   연기 나부끼는 뜸집이야말로
   나의 그리운 고향집이어라

2 태어나서 바닷물에 목욕하고
   파도를 자장가 삼아 들으며
   천 리를 밀려오는 바다의 기운을
   받고 자란 아이라네

3 코를 찌르는 갯내음에
   끝없는 꽃향기 있어라
   해변가 소나무에 부는 바람을
   훌륭한 음악으로 나는 듣노라

4 한 길 남짓 노와 삿대를 저어
   정처없는 뱃길 파도를 베개 삼아
   백 길 천 길 깊은 바닷속
   놀아서 익숙해진 마당 넓어라

五　いくとせここにきたへたる
　　鐵より堅きかひなあり。
　　吹く潮風に黑みたる
　　はだは赤銅(しやくどう)さながらに。

六　波にただよふ氷山も、
　　來たらば來たれ　恐れんや。
　　海卷きあぐる龍卷も
　　起らば起れ　おどろかじ。

七　いで大船を乘り出して、
　　われは拾はん海の富。
　　いで軍艦に乘り組みて、
　　われは護らん海の國。

5 여러 해 이곳에서 단련하니
  강철보다 단단한 팔이 되었네
  부는 바닷바람에 검게 그을린
  피부는 구릿빛 같아라

6 파도에 떠다니는 빙산이라도
  올테면 와라 두려울쏘냐
  바다를 감아올리는 회오리라도
  일테면 일어라 놀라지 않으리

7 나가자 큰 배를 타고 나아가
  나는 획득하리라 바다의 부(富)를
  나가자 군함에 승선하여
  나는 수호하리라 바다의 나라

八　滿洲のひろ野

一　見わたす限り、はてもなき
　　ここ滿洲のひろ野原。
　　　朝の光にかがやきて、
　　　　羊(ひつじ)の群も遠く見ゆ。

二　ひろ野をわたる雲のかげ。
　　　見よ、おほらかに雲のかげ、
　　　　大豆畠をわたり行く。
　　　　風のまにまにわたり行く。

三　空は夕やけ、あかね色、
　　　いま、日は沈む地平線。
　　　　やなぎ並木も、あぜ道も、
　　　　静かにあはく暮れて行く。

8. 만주 광야

1 보이는 내내 끝도 없이
　여기 만주의 넓은 들판
　　아침 햇살에 빛나고
　　저 멀리 양떼도 보이네

2 광야를 건너는 구름그림자
　보아라! 한가로운 구름그림자
　　콩밭을 건너가네
　　바람이 부는 대로 건너가네

3 하늘엔 저녁놀, 붉은 빛
　이제 막 해가 지는 지평선
　　버드나무 가로수도 논두렁길도
　　조용히 희미하게 저물어가네

九　肇國(はつくに)の歌

一　豐葦原(とよあしはら)の中つ國、
　　行きてしらせよ、榮えよと、
　　宣(の)らせ給へり、大神(おほみかみ)。
　　げに天壞(あめつち)と窮(きは)みなし、
　　天津日嗣(あまつひつぎ)ぞ、神(かむ)ながら。

二　くしふる峯や高千穗の
　　雲押し分けて、皇孫(すめみま)は
　　天降(あも)りましけん、その日向(ひむか)。
　　げに海山とかぎりなき
　　惠みあまねく代代坐(ま)しき。

9. 건국의 노래

1 풍요로운 세상의 중심
  가서 다스리라고 번영하라고
  말씀하신 천신
  실로 천지 무궁하게
  천손으로 이어진다네 신대로부터

2 구시후르3봉우리나 다카치호4의
  구름을 밀어 헤치고 천신의 자손은
  천손 강림하였네 그 신단5
  실로 산과 바다에 한없는
  은혜가 빠짐없이 대대로 미치네

3 **구시후루**(くしふる) : 구시후루(くしふる)神社에 진좌한 구시후루미네
  (槵觸峰)에 천손 니니기노미코토(瓊々杵尊)가 三種의 神器를 바치고
  일본을 다스리기 위해 하늘에서 강림한 성지로 알려져 있다.
4 **다카치호**(高千穗) : 다카치호(高千穗町)는 미야자키현(宮崎県)의 북부에
  있는 마을로 니시우스키군(西臼杵郡)에 속해 있다. 일본신화에 니니기
  의 천손강림지로 알려져 있다. 아마테라스가 은거하였던 아마노이와토
  (天岩戸)가 마을 안에 있다.
5 **신단**(히무카, 日向) : 미야자키현(宮崎県) 미야자키시(宮崎市) 아오시마
  (靑島)에 있는 아오시마신사(靑島神社)로 호오리노미코토(ホオリノミコ
  ト)를 모시는 신사이자 야마사치히코(山幸彦) 신화의 무대가 된 곳이기
  도 하다.

三　ああ、橿原(かしはら)に宮居して、
　　一つの宇(いへ)とおほらかに
　　御稜威(みいつ)い照す八紘(あめのした)、
　　その肇國のいにしへを
　　今に仰ぎて、大東亞。

3 아― 가시와라6를 천황의 거처로
　　하나의 우주로 평화롭게
　　천황의 위광 빛나는 온 세계
　　개국의 그 옛날을
　　지금 우러르네 대동아

6 **가시와라**(橿原) : 나라현(奈良県) 중서부에 있는 도시. 야마토산잔(大和
三山), 우네비야마(畝傍山), 미미나시야마(耳成山), 가구야마(香具山)),
후지와라궁(藤原宮), 가시와라신궁(橿原神宮) 등 사적이 많이 있는 지
역으로 알려져 있다.

十　體鍊(たいれん)の歌

一　はえある日なり、よき日なり。
　　るりの大空　仰ぎつつ、
　　健兒(けんじ)の意氣は今あがる。
　　　　力、力、若き力。
　　　　力、力、若き力。

二　はえある身なり、御民なり。
　　君のみたてと　きたへつつ、
　　健兒の腕は　今ぞ鳴る。
　　　　力、力、強き力。
　　　　力、力、強き力。

三　はえあるみ國、この國を
　　やがてになふ日望みつつ、
　　健兒の覺悟いま堅し。
　　　　力、力、國の力。
　　　　力、力、國の力。

10. 체력단련의 노래

1 영광스런 날이라네 좋은 날이라네
  맑고 넓은 하늘 우러러보며
  건아의 기상 지금 솟아오르네
    힘, 힘, 젊은 힘
    힘, 힘, 젊은 힘

2 영광스런 몸이라네 신민이라네
  천황의 군대로 단련하면서
  건아의 실력 지금 떨치세
    힘, 힘, 강한 힘
    힘, 힘, 강한 힘

3 영광스런 황국 이 나라를
  이윽고 짊어질 날 고대하면서
  건아의 각오 지금 굳세네
    힘, 힘, 나라의 힘
    힘, 힘, 나라의 힘

十一　落下傘(らくかさん)部隊

一　見よや、眼下は敵地の野原、
　　ここぞ、ねらひの目的地。
　　　　おりよ、一氣に、おくれるな。
　　　　心ははやる落下傘部隊。

二　われもわれもと續いて飛べば、
　　ぱつとひろがる落下傘。
　　　　咲くよ、み空に、白い花。
　　　　むらがりくだる落下傘部隊。

三　なんの彈幕、ものかは敵機、
　　どつと地上におり立ちて
　　　　いざや、乗つとれ、敵の陣。
　　　　あくまで進む落下傘部隊。

11. 낙하산부대

1 보아라! 눈 아래는 적지의 들판
　여기로다 공격의 목적지
　　내려라 단숨에, 늦지 말아라
　　마음이 용솟음치는 낙하산부대

2 앞다투어 연이어 뛰어내리면
　활짝 펼쳐지는 낙하산
　　피어라, 창공에 새하얀 꽃
　　무리지어 내려오는 낙하산부대

3 탄막도 적 비행기도 아랑곳없이
　우르르 지상에 뛰어내려
　　자— 탈취하세 적의 진지
　　끝까지 전진하네 낙하산부대

十二　御民われ

御民われ
生けるしるしあり
天地(あめつち)の
榮ゆる時に
あへらく思へば

12. 신민된 우리

신민된 우리
살아가는 가치 있네
천지가
번창한 때에
만난 것을 생각하니

十三　金剛(こんがう)山

一　毘廬(ひろ)の高嶺(たかね)を中にして
　　連なりめぐる峯峯は
　　天(てん)の柱とそそり立ち、
　　紫紺(しこん)にすめる萬二千。

二　青葉・若葉のこみどりの
　　とけて流るる水清く、
　　瀧とかかりて、淵(ふち)と澄み、
　　九龍淵(きうりゆうゑん)の名も高し。

三　大空、秋の香をこめて
　　萬物相(ばんぶつさう)の花紅葉(もみぢ)。
　　四十八寺の鐘はすみ、
　　霧は、しらじら流れゆく。

四　木枯(こがら)しふけば金剛は
　　全山、銀の冬ごろも。
　　寒月空にこほるとき、
　　日本海に、波高し。

13. 금강산

1 높은 비로봉을 가운데 두고
　연이어 둘러싼 봉우리들은
　하늘의 기둥으로 우뚝 솟아
　남보랏빛 깃들은 1만 2천 봉

2 푸른 잎 어린 잎 진녹색이
　녹아 흐르는 물 깨끗하고
　폭포와 어우러져 연못으로 맑아지니
　구룡포의 명성 높구나

3 넓은 하늘 가을 향기를 머금은
　만물상의 꽃단풍
　사십팔사(四十八寺) 종은 맑게 울리고
　안개는 희끄무레 흘러가네

4 초겨울의 찬바람 불면 금강산은
　온 산이 은빛 겨울옷
　겨울밤의 밝은 달 하늘에 얼 때
　일본해에 파도 높구나

十四　渡り鳥

一　北へ　北へ
　　わたるよ、
　　群をなして
　　渡り鳥。
　　小さき翼、
　　たよりつつ、
　　わたる旅路、
　　はるけし。

二　南　南
　　めざして、
　　親子ともに
　　渡り鳥。
　　あらしよぎり、
　　助けつつ
　　わたる行く手、
　　はるばる。

14. 철새

1 북쪽으로 북쪽으로
  건너가요
  무리를 지어
  날아가는 철새
  작은 날개
  의지하면서
  날아가는 여정
  아득하여라

2 남쪽 남쪽을
  향해서
  부모 자식 함께
  날아가는 철새
  폭풍우 지나갈 때
  서로 도우며
  날아가는 길
  멀고 멀어라

十五　船出

一　船出だ、朝風、輝く波に
　　乗り出す少年、帆を張れ、今だ。
　　朝日はいろどる、豐旗雲(とよはたぐも)を。
　　船出だ、ぼくらの腕(かひな)はひびく。

二　船出だ　この身を、この魂を
　　鍛(きた)へる少年、乘り切れ、今だ。
　　萬里の黑潮、はやても何ぞ。
　　船出だ　ぼくらの矢聲はあがる。

三　船出だ　希望の南をさして、
　　海國少年、力だ、今だ。
　　東亞の海なら皇國(みくに)の池だ。
　　船出だ、ぼくらの血潮はたぎる。

15. 출항

1 출항이다 아침바람 반짝이는 파도를
　 타고 나아가는 소년 돛을 펼쳐라 지금이로다
　 아침해는 물들이네 길다란 구름을
　 출항이다 우리들의 기량을 널리 펼치세

2 출항이다 이 몸과 정신을
　 단련하는 소년 헤쳐 나가라 지금이로다
　 수만 리 구로시오 질풍노도 어쩌랴
　 출항이다 우리들의 함성 솟아오르네

3 출항이다 희망의 남쪽을 향해서
　 해양국 소년 힘이다 지금이로다
　 동아의 바다라면 황국의 연못이다
　 출항이다 우리들의 혈기 끓어오르네

十六　今日よりは

今日よりは
かへりみなくて
大君の
しこの御楯(みたて)と
出で立つわれは

16. 오늘부터는

오늘부터는
뒤돌아보지 않고
천황폐하의
방패가 되어
출정하는 우리

十七　少年産業戰士

一　朝(あした)にいただく殘んの星影、
　　夕べにふみ來る野道の月影。
　　　生産、增産、われらの勤めと、
　　　鍬とり、鎌(かま)とぐ少年戰士。

二　油にまみれて、額に汗して、
　　飛び散る火花に、輝くひとみよ。
　　　生産、增産、われらの勤めと、
　　　鐵うちきたへる少年戰士。

三　この腕、この技(わざ)、み國にささげて
　　いやましおこさん、東亞の産業。
　　　生産、增産、われらの勤めと、
　　　ほほ笑み働く少年戰士。

17. 소년산업전사

1 아침에 비쳐오는 새벽녘 별빛
  저녁에 밟고 오는 들길의 달빛
    생산 증산 우리들의 소임으로
    괭이 들고 낫을 가는 소년전사

2 기름투성이가 되고 이마에 땀범벅으로
  흩어지는 불꽃에 반짝이는 눈동자여
    생산 증산 우리들의 소임으로
    쇠붙이 두드리며 단련하는 소년전사

3 이 솜씨 이 기술 황국에 바쳐서
  더욱더 일으키세 동아의 산업
    생산 증산 우리들의 소임으로
    웃으며 일하는 소년전사

十八　水師營の會見

一　旅順開城約成りて、
　　敵の將軍ステッセル
　　乃木(のぎ)大將と會見の
　　ところはいづこ、水師營。

二　庭に一本(ひともと)なつめの木、
　　彈丸あともいちじるく、
　　くづれ殘れる民屋に、
　　いまぞ相見る二將軍。

18. 수사영의 회견

1 여순개성규약7 성사되어
  적장 스테셀8과
  노기 대장9의 회견
  장소는 어디던가 수사영이라네

2 정원에 한 그루 대추나무
  탄환 흔적도 뚜렷하네
  허물어진 민가에서
  이제야 마주하는 두 장군

7 **여순개성규약**(旅順開城規約) : 러일전쟁 막바지인 1905년 1월 1일 여순 요새 수비군 사령관 스테셀이 군사를 파견하여 항복을 신청함에 따라, 다음날인 1월 2일 양국의 수장격인 러시아의 스테셀 중장과 일본의 노기 대장이 수사영에서 회견하고 상호 조인한 규약이다.
8 **스테셀**(Anatoliy Mikhaylovich Stessel, 1848~1915) : 여순의 수사영회담에서 일본의 노기 대장과 독대한 러시아 장군
9 **노기 마레스케**(乃木希典, 1849~1912) : 러일전쟁에서 활약한 일본의 육군대장이다. 청일전쟁에 보병 제1여단장으로 출정했으며, 1904년 러일전쟁 발발 당시는 휴직 중이었으나 바로 소집되어 같은 해 5월 제3군 사령관으로 여순 공격에 참여하여 마침내 러시아의 항복을 받아내는 쾌거를 이루었다. 1912년 자신을 신임하던 메이지 천황이 사망하자 장례일에 도쿄의 자택에서 부인과 함께 자결하였다. 러일전쟁 당시 연합함대 사령관이었던 도고 헤이하치로(東鄕平八郎)와 함께 '해군의 도고, 육군의 노기'라 불리울 만큼 유명한 군부의 지도자이다.

三　乃木大將はおごそかに、
　　御めぐみ深き大君の
　　大みことのりつたふれば、
　　かれかしこみて謝しまつる。

四　きのふの敵は今日の友、
　　語ることばもうちとけて、
　　われはたたへつ、かの防備、
　　かれはたたへつ、わが武勇。

五　かたち正していひ出でぬ、
　　『この方面の戰鬪に
　　二子を失ひたまひつる
　　閣下の心いかにぞ。』と。

六　『二人のわが子それぞれに、
　　死所を得たるを喜べり。
　　これぞ武門の面目。』と、
　　大將答へ力あり。

3 노기 대장은 엄숙하게
  은혜 깊은 천황의
  큰 뜻 담은 조서를 전하니
  스테셀은 황송해서 감사하더라

4 어제의 적은 오늘의 친구
  주고받는 말도 마음을 터놓고
  노기는 칭찬하네 러시아의 방어를
  스테셀은 칭송하네 일본의 무용(武勇)을

5 자세를 가다듬고 말을 꺼내네
  "이번 전투에서
  두 아들을 잃어버리신
  각하의 마음이 어떠하시냐?"고

6 "나의 두 아들이 제각각
  값진 죽음이어서 기쁘다
  이것이 바로 무가의 명예"라는
  대장의 대답 힘이 넘치네

七　兩將晝食(ひるげ)ともにして、
　　なほもつきせぬ物語。
　　『われに愛する良馬あり。
　　今日の記念にけんずべし。』

八　『厚意謝するに餘りあり。
　　軍のおきてにしたがひて、
　　他日わが手に受領せば、
　　長くいたはり養はん。』

九　『さらば。』と、握手(あくしゆ)ねんごろに、
　　別れて行くや右左。
　　砲音(つつおと)絶えし砲臺に、
　　ひらめき立てり、日の御旗。

7 두 장군 점심을 함께 하고
  아직 못다한 이야기
  "제게 아끼는 좋은 말(馬)이 있으니
  오늘의 기념으로 드리겠소"

8 "과분한 호의에 감사합니다.
  군의 규정에 따라
  후일 저에게 넘겨지면
  오래도록 돌보고 기르겠소"

9 "잘 가시오" 정중하게 악수하고
  좌우로 헤어져 가네
  포성이 멈춘 포대에
  세워져 휘날리는 일장기

十九　早春

一　襟(えり)ふく風は
　　寒けれど、
　　雪消(ゆきげ)の庭に、
　　白梅の
　　つぼみやさしく
　　ふくらみぬ。
　　春きたるらし、
　　音もなく。

二　小川の岸の
　　厚氷、
　　いつしか解けて、
　　あしの芽も、
　　姿ゆかしく
　　もえ出でぬ。
　　春きたるらし、
　　わが村に。

19. 이른 봄

1 옷깃을 스치는 바람은
　차가웁지만
　잔설의 정원에
　하이얀 매화
　꽃봉오리 수줍게
　부풀었구나
　봄이 온 듯 하구나
　소리도 없이

2 시냇가의
　두꺼운 얼음
　어느새 녹아버리고
　갈대의 새싹도
　기품 있는 자태로
　돋아났구나
　봄이 온 듯 하구나
　우리 마을에

二十　日本刀

一　霜夜(しもよ)にさゆる星影か、
　　櫻にはゆる朝日子か、
　　抜き放ちたる日本刀、
　　にほふ、燒刃(やいば)の美しさ。

二　心をこめて眺むれば、
　　ああ、百錬(ひやくれん)のきつ先に、
　　たふときすめら國民の
　　精魂をどるおもひあり。

三　劔は斬(き)らんためならず、
　　心をみがくわざものと、
　　古賢(こけん)のことば、今さらに
　　静かに胸にひびくかな。

20. 일본도(日本刀)

1 서리 내리는 밤 선명해지는 별빛이련가
  벗꽃에 빛나는 아침해련가
  단숨에 발도(拔刀)하는 일본도
  찬란한 칼날의 아름다움이여

2 유심한 마음으로 들여다보니
  아― 수없이 연마한 칼끝에
  존귀한 천황의 황국신민
  정신과 혼이 서려 있구나

3 검(劒)은 베기만을 위함이 아닌
  마음을 닦는 명검이라는
  옛 성현의 말씀 지금 더욱
  절절하게 가슴에 울리는구나

二十一　太平洋

一　大和島根の岸あらふ、
　　神代ながらの波の音。
　　聽け、膺懲(ようちよう)のわが決意。
　　　心も躍る身も躍る。
　　　行かう、我等の太平洋。

二　今この海の波あれて、
　　荒鷲(あらわし)かける新戰場。
　　見よ、堂堂の軍艦旗。
　　　心も躍る身も躍る。
　　　行かう、我等の太平洋。

三　東亞のしづめ日本の
　　燦(さん)たる使命負ひもちて、
　　擧げん　かちどき海原に。
　　　心も躍る身も躍る。
　　　行かう、我等の太平洋。

21. 태평양

1 일본의 해변에 밀려오는
  신대로부터 이어지는 파도소리
  들어라 웅징의 우리 결의
      마음도 설레고 몸도 설렌다
      가자, 우리들의 태평양

2 지금 이 바다의 파도 거세지고
  전투기 비상하는 새 전쟁터
  보아라 위풍당당한 군함 깃발
      마음도 설레고 몸도 설렌다
      가자, 우리들의 태평양

3 동아를 이끌어 갈 일본의
  찬란한 사명을 짊어지고
  올리자 승리의 함성 드넓은 바다에
      마음도 설레고 몸도 설렌다
      가자, 우리들의 태평양

二十二　アジヤの光

一　日出づるところ大八洲。
　　奮ひたちたる一億の
　　生氣に映(は)ゆる、櫻花。
　　　輝くアジヤうち立てん
　　　のぞみの光、大日本(だいにつぽん)。

二　世紀のよあけ新東亞。
　　目覺め讚(たた)ふる　十億の
　　歡(よろこ)び仰ぐ、日の御旗、
　　　伸び行くアジヤとこしへに
　　　みちびく光、大日本。

22. 아시아의 빛

1 해 뜨는 곳 일본
  분발하여 일어서는 1억 국민의
  생기 있게 빛나는 벚꽃
    찬란한 아시아 건설하세
    희망의 빛, 대일본

2 세기의 여명 신동아
  깨달아 호응하는 10억 인의
  환호하여 추앙하는 일장기
    뻗어가는 아시아 영원히
    인도하는 빛, 대일본

初等音樂 六年

定價金二十一錢

昭和十九年三月二十五日飜刻印刷
昭和十九年三月三十一日飜刻發行

著作權所有

發行兼
著作者　　朝鮮總督府

飜刻發行
象印刷者　朝鮮書籍印刷株式會社
京城府龍山區大島町三十八番地

代表者　顯　訪　務

發　行　所　　朝鮮書籍印刷株式會社
京城府龍山區大島町三十八番地

찾아보기 일본어

あげかぢ	264	オヤ牛	68
うすむらさき	184	オンガククヮイ	50
おぼろ月夜	384	オ月サマ	62
おもちゃの戰車	120	オ正月	72
かぞへ歌	268	カクレンボ	44
きたへる足	266	カドマツ	72
こがねの花	166	カヘル	50
こども愛國班	170	キシャゴッコ	48
こま鳥	164	ギンノツバサ	78
さくら	202	グライダー	252
ざんがう	120	コウマ	66
そよ風	164	コクミンガクカウ	40
たこあげ	126	コヒノボリ	96
なはとび	168	ゴモン	118
にこにこ	190	スコール	318
ひしもち	128	スズメ	76
ひな祭	128	ステッセル	422
ひよどり越	260	タナバタサマ	104
ほう年	166	タネマキ	54
やまと心	382	テッパウノタマ	102
わら屋	234	テツカブト	102
ゐもん袋	198	トーチカ	204
アフリカ	246	ニホンノ ハタ	42
アラワシ	74	ハト	46
ウサギ	114	ヒカウキ	78
ウンドウクヮイ	50	ヒヨコ	64
オニゴッコ	108	ピストン	236

フキサウヂ ……………70
ヘイタイゴッコ ……………60
ポプラ ……………160
モモタラウ ……………58
ユフヤケコヤケ ……………56
ヨソノ クニ ……………52
ワタシハ二年生 ……………94
エンソク ……………112
一月一日 ……………150
三勇士 ……………204
乃木大将 ……………422
九勇士 ……………278
五シキノタンザク ……………104
五月ノセック ……………96
代代木の森 ……………148
作業の歌 ……………232
入營 ……………262
兵たいさん ……………124
冬景色 ……………346
勅語奉答 ……………142
北のまもり ……………284
十五夜オ月サマ ……………114
千早城 ……………240
南十字と北斗星 ……………328
南極海 ……………338
君が代 ……………86
吹雪 ……………284
四季の雨 ……………394
四條畷 ……………350
國民 ……………430
大みこと ……………142
大アジヤ ……………198
大ユキ小ユキ ……………74

大八洲 ……………312, 434
大將義經 ……………260
大日本 ……………434
大東亞 ……………312
大詔奉戴日 ……………170
大陸の沃野 ……………326
天にょ ……………132
天の岩屋 ……………162
天照大神 ……………162
天皇陛下 ……………192
天長節 ……………144
太平洋 ……………432
子守歌 ……………282
子牛 ……………68
宮城遙拜 ……………170
富士ノ山 ……………116
對馬 ……………388
小楠公 ……………348
少年戰車兵 ……………276
少年産業戰士 ……………420
山本元帥 ……………356
山田長政 ……………250
山紅葉 ……………336
帆船 ……………254
帝國萬歲 ……………390
廣瀬中佐 ……………272
御楯 ……………418
御民われ ……………410
忠義 ……………242
忠靈塔 ……………316
戰友 ……………324
手まり歌 ……………194
捕鯨船 ……………338

揚子江 …………326
敷島 …………382
文化花 …………354
新東亞 …………434
旅順港 …………274
日本刀 …………430
日本海海戰 …………388
早春 …………428
旭日天 …………310
明治天皇 …………380
明治節 …………146
春の小川 …………158
春の海 …………230
春ガ來タ …………92
昭憲皇太后御歌 …………306
晴れ間 …………392
朝ノ歌 …………110
朝禮の歌 …………310
木ウヱ …………98
村の鍛冶屋 …………258
村祭 …………180
松虫 …………176
桃山 …………354
梅の花 …………200
橘中佐 …………334
橿原 …………404
櫻井 …………348
殲滅 …………342
母の歌 …………344
水くみ …………232
水は器 …………308
水師營の會見 …………422
水泳の歌 …………248

氷すべり …………196
浦風 …………322
海の國 …………398
海の子 …………396
渡り鳥 …………414
港江 …………346
滿洲のひろ野 …………400
潛望鏡 …………188
潛水艦 …………188
無敵艦隊 …………358
牧場の朝 …………330
特別攻擊隊 …………278
犬トキジ …………58
田植 …………166
田道間守 …………186
病院船 …………352
白衣 …………352
白雲 …………164
皇國 …………416
眞珠灣 …………278
破壞筒 …………204
秋の空 …………252
稻刈 …………178
空の勇士 …………340
突擊 …………324
紀元節 …………88
紙しばゐ …………198
紙風船 …………198
羽根つき …………122
羽衣 …………132
聖德太子 …………332
肇國の歌 …………402
船出 …………416

花火 ·······106

若葉 ·······234

草とり ·······232

菊ノ花 ·······118

萬物相 ·······412

落下傘部隊 ·······408

赤道 ·······318

車輪 ·······236

軍カン ·······100

軍旗 ·······192

軍犬利根 ·······174

軍神 ·······358

野口英世 ·······244

野山 ·······202

野菊 ·······184

金剛山 ·······412

金剛石 ·······306

鐵くづあつめ ·······170

鐵條網 ·······204

陸軍 ·······192

露草の花 ·······392

青空 ·······112

靖国神社 ·······256

餅つき ·······190

體錬の歌 ·······406

高千穂 ·······88

高射砲彈 ·······340

魚雷 ·······188

鯉のぼり ·······314

鳥居 ·······234

麥刈 ·······320

齒車 ·······238

찾아보기 한글

【1/5】

1월 1일(설날) ·················151
5월 단오 ·····················97

【ㄱ】

가도마쓰 ·····················73
가시와라 ····················405
가을하늘 ····················253
개구리 ·······················51
개와 꿩 ······················59
갯바람 ······················323
건국의 노래 ·················403
걸레청소 ·····················71
겨울비 ······················347
겨울풍경 ····················347
고래잡이 배 ·················339
고사포탄 ····················341
고이노보리 ··············97, 315
고철 모으기 ·················171
공치기 노래 ·················195
국민학교 ·····················41
국화꽃 ······················119
군견 도네 ···················175
군기 ························193
군신 ························359
군인 아저씨 ·················125

군함 ························101
궁성요배 ····················171
귀뚜라미 ····················177
그림연극 ····················199
글라이더 ····················253
금강산 ······················413
금강석 ······················307
기계바퀴 ····················237
기미가요 ·····················39
기원절 ·······················89
기차놀이 ·····················49

【ㄴ】

나는 2학년 ···················95
나무심기 ·····················99
낙하산부대 ··················409
날개옷 ······················133
남극해 ······················339
남십자성과 북두칠성 ·········329
노구치 히데요 ···············245
노기 대장 ···················423
누이 ························387
눈보라 ······················285

【ㄷ】

다른 나라 ····················53

다리를 단련하자 ·······267
다지마모리 ·······187
다치바나 중령 ·······335
다카치호 ·······89
달개비꽃 ·······393
달님 ·······63
대동아 ·······313
대아시아 ·······199
대일본 ·······313, 435
대장 요시쓰네 ·······261
대조봉대일 ·······171
대칙어 ·······143
도리이 ·······235
돌격 ·······325
들국화 ·······185
떡방아 ·······191

【ㅁ】

마을 축제 ·······181
마을의 대장장이 ·······259
만물상 ·······413
만주 광야 ·······401
망아지 ·······67
메이지 천황 ·······381
메이지절 ·······147
모내기 ·······167
모모야마 ·······355
모모타로 ·······59
목장의 아침 ·······331
무적함대 ·······359
문장(紋章) ·······119
문화의 꽃 ·······355

물긷기 ·······233
물은 그릇 나름 ·······309

【ㅂ】

바다의 나라 ·······399
바다의 사내아이 ·······397
방패 ·······419
백의 ·······353
범선 ·······255
벚꽃 ·······203
벼베기 ·······179
병아리 ·······65
병원선 ·······353
병정놀이 ·······61
보름달 ·······115
보리베기 ·······321
봄 시냇물 ·······159
봄바다 ·······231
봄이 왔네 ·······93
북방 수비 ·······285
불꽃놀이 ·······107
비 갠 사이 ·······393
비둘기 ·······47
비행기 ·······79

【ㅅ】

사계절의 비 ·······395
사쿠라이 ·······349
산과 들 ·······203
산단풍 ·······337
산들바람 ·······165
삼용사 ·······205

새싹 ·····235
선녀 ·····133
설날 ·····73
섬멸 ·····343
소년산업전사 ·····421
소년전차병 ·····277
소풍 ·····113
송아지 ·····69
쇼난코 ·····349
쇼켄황태후의 노래 ·····307
쇼토쿠(聖德) 태자 ·····333
수사영의 회견 ·····423
수영의 노래 ·····249
술래잡기 ·····109
숨바꼭질 ·····45
숫자 노래 ·····269
스케이트 ·····197
스콜 ·····319
스테셀 ·····423
승강타 ·····265
시조나와테 ·····351
신동아 ·····435
신민된 우리 ·····411
십오야 ·····115
싱글벙글 ·····191
싸락눈 ·····75
쓰시마 ·····389
씨뿌리기 ·····55

아프리카 ·····247
아홉 용사 ·····279
야마다 나가마사 ·····251
야마모토 원수 ·····357
야스쿠니 신사 ·····257
양자강 ·····327
어뢰 ·····189
어린이 애국반 ·····171
어머니의 노래 ·····345
엄마 소 ·····69
여순항 ·····275
연날리기 ·····127
오색 단자쿠 ·····105
요요기숲 ·····149
욱일승천 ·····311
운동회 ·····51
울새 ·····165
위문대 ·····199
육군 ·····193
으스름한 달밤 ·····385
은빛 날개 ·····79
음악회 ·····51
이른 봄 ·····429
일본도 ·····431
일본의 국기 ·····43
일본정신 ·····383
일본제국 만세 ·····391
입영 ·····263

【ㅇ】

아마테라스오미카미 ·····163
아침 노래 ·····111

【ㅈ】

자장가 ·····283
작업의 노래 ·····233

잠망경 ……………………189
잠수함 ……………………189
장난감 전차(戰車) …………121
저녁노을 ……………………57
적도 ………………………319
전우 ………………………325
전투기 ……………………75
조회의 노래 ………………311
종이풍선 …………………199
줄넘기 ……………………169
지하야성 …………………241
진주만 ……………………279

【ㅊ】

참새 ………………………77
참호 ………………………121
천장절 ……………………145
천황폐하 …………………193
철모 ………………………103
철새 ………………………415
철조망 ……………………205
체력단련의 노래 …………407
초가집 ……………………235
총알 ………………………103
출항 ………………………417
충령탑 ……………………317
충의 ………………………243
칙어봉답 …………………143
칠석 ………………………105

【ㅌ】

태평양 ……………………433

토끼님 ……………………115
토치카 ……………………205
톱니바퀴 …………………239
특별공격대 ………………279

【ㅍ】

포구 ………………………347
포플러나무 ………………161
폭약통 ……………………205
푸른 하늘 …………………113
풀베기 ……………………233
풍년 ………………………167
피스톤 ……………………237

【ㅎ】

하네쓰키 …………………123
하늘 바위굴 ………………163
하늘의 용사 ………………341
함박눈 ……………………75
해질녘 ……………………57
황국 ………………………417
황금꽃 ……………………167
후지산 ……………………117
흰구름 ……………………165
히나마쓰리 ………………129
히로세 중령 ………………273
히시모치 …………………129
히요도리고에 ……………261

▌편역자소개 ▌

김순전 金順槇

소　　속 : 전남대 일문과 교수, 한일비교문학·일본근현대문학 전공

대표업적 : ①저서 :『韓日 近代小說의 比較文學的 硏究』, 태학사, 1998년 10월
　　　　　　　外

　　　　　②저서 :『일본의 사회와 문화』, 제이앤씨, 2006년 9월 外

　　　　　③저서 :『식민지조선 만들기』, 제이앤씨, 2012년 11월 外

사희영 史希英

소　　속 : 전남대 일문과 강사, 일본근현대문학 전공

대표업적 : ①논문 :「식민지하 教師養成과『師範學校修身書』硏究」,『日本語文
　　　　　　　學』제36집, 한국일본어문학회, 2007년 2월 外

　　　　　②저서 :『「國民文學」과 한일작가들』, 도서출판 문, 2011년 9월 外

박경수 朴京洙

소　　속 : 전남대 일문과 강사, 일본근현대문학 전공

대표업적 : ①논문 :『普通學校國語讀』의 神話에 應用된 〈日鮮同祖論本〉 導入樣
　　　　　　　相」,『日本語文學』제42집, 日本語文學會, 2008년 8월 外

　　　　　②저서 :『정인택, 그 생존의 방정식』, 제이앤씨, 2011년 6월 外

문현일 文賢一

소　　속 : 전남대 일문과 객원교수, 일본어학 전공

대표업적 : ①논문 :「日本語の連體修飾構造に現れる「トイウ」の用法分類と各
　　　　　　　用法間の關係」『日語日文學硏究』40집, 한국일어일문학회,
　　　　　　　2002년 2월 外

　　　　　②저서 :『기초일본어』, 보고사, 2011년 8월 外

장미경 張味京

소　　속 : 전남대 일문과 강사, 일본근현대문학 전공
대표업적 : ①논문 :「조선총독부 발간『여자고등보통학교수신서』의 여성상,『日本學硏究』21집, 檀國大學校 日本硏究所, 2007년 5월 外
　　　　　 ②편저 :『學部編纂日語讀本上・下』, 제이앤씨, 2010년 7월 外

박제홍 朴濟洪

소　　속 : 전남대 일문과 강사, 일본근현대문학 전공
대표업적 : ①논문 :「日帝末 문학작품에 서사된 金玉均像-『청년 김옥균』「배안에서」,『김옥균의 死』를 중심으로」,『日本語敎育』48집, 한국일본어교육학회, 2009년 6월 外
　　　　　 ②편저 :『朝鮮總督府編纂訂正普通學校國語讀本原文 上・下』, 제이앤씨, 2010년 7월 外

김서은 金瑞恩

소　　속 : 전남대 일문과 대학원 박사과정수료, 일본근현대문학 전공
대표업적 : ①논문 :「마스무라 야스조(增村保造)영화로「치인의 사랑(痴人の愛)과 만지(卍)읽기」,『日本文化學報』제43집, 韓國日本文化學會, 2009년 11월
　　　　　 ②논문 :「가와바타 야스나리의 영화체험과『雪國』의 영화적 재해석」,『日本語文學』, 제53집, 韓國日本語文學會, 2012년 6월

일제강점기 조선총독부 편찬

초등학교 〈唱歌〉 교과서 대조번역 (下)
『ウタノホン』・『初等音樂』

초판인쇄 2013년 7월 15일
초판발행 2013년 8월 1일

편 역 자 김순전・사희영・박경수・문현일・장미경・박제홍・김서은
발 행 인 윤석현
발 행 처 제이앤씨
등록번호 제7-220호
책임편집 이신・김선은

우편주소 132-702 서울시 도봉구 창동 624-1 북한산현대홈시티 102-1106
대표전화 (02) 992-3253(대)
전   송 (02) 991-1285
홈페이지 www.jncbms.co.kr
전자우편 jncbook@hanmail.net

ISBN 978-89-5668-967-8 94190
　　　978-89-5668-964-7 (전3권)　　　　　　　　　　　정가 36,000원